EL ROCKERO Y LA MODELO

QUE LLEGARON VÍRGENES AL MATRIMONIO

INCLUYE DVD DE REGALO

PESCAO VIVO

GIOVANNI OLAYA Y VANESSA GARZÓN

La misión de Editorial Vida es ser la compañía líder en comunicación cristiana que satisfaga las necesidades de las personas, con recursos cuyo contenido glorifique a Jesucristo y promueva principios bíblicos.

EL ROCKERO Y LA MODELO, QUE LLEGARON VÍRGENES AL MATRIMONIO
Publicado por Editorial Vida – 2011
Miami, Florida

Edición: *Mariángeles Fernández Duo y Gisela Sawin.*
Diseño interior: *Luvagraphics*

ISBN 978-0-8297-5736-1

CATEGORÍA: Temas sociales / Noviazgo y sexo.

IMPRESO EN ESTADOS UNIDOS DE AMÉRICA
PRINTED IN THE UNITED STATES OF AMERICA

15 16 ❖ 16 15 14 13 12 11 10 9 8

AGRADECIMIENTOS

★ Agradecemos a Dios por habernos encontrado
con su amor y por revelarnos en su Palabra que se puede
ser joven, soñar y disfrutar con libertad, pero en santidad.

★ Gracias a nuestros padres, Gloria, Mercedes, Hugo
y Winston, por darnos la vida, por ser modelos de amor
y por enseñarnos que, a pesar de la adversidad
se pueden construir matrimonios sobre la Roca.

★ A nuestros hermanas y hermanos, por su compañía
en todas nuestras aventuras.

★ A nuestro pastor Darío Silva Silva, por ser ejemplo
de servicio a Dios y por brindarnos siempre su apoyo.

★ A Lucas Leys y el equipo de Especialidades Juveniles
por motivarnos a contarles nuestra historia a miles
de jóvenes de habla hispana en el mundo y trabajar
el manuscrito.

★ A todas las iglesias y pastores que usan nuestro
testimonio para edificar una juventud con valores
y principios basados en Jesús.

★ A todos aquellos jóvenes que no les importa ir
contra la corriente y hacer historia al marcar la diferencia.

CONTENIDO

PARTE DOS
VANESSA «LA MODELO»

PARTE TRES
EL NOVIAZGO DEL ROCKERO Y LA MODELO
POR VANESSA Y GIOVANNI

GIOVANNI OLAYA Y VANESSA GARZÓN

PARTE UNO

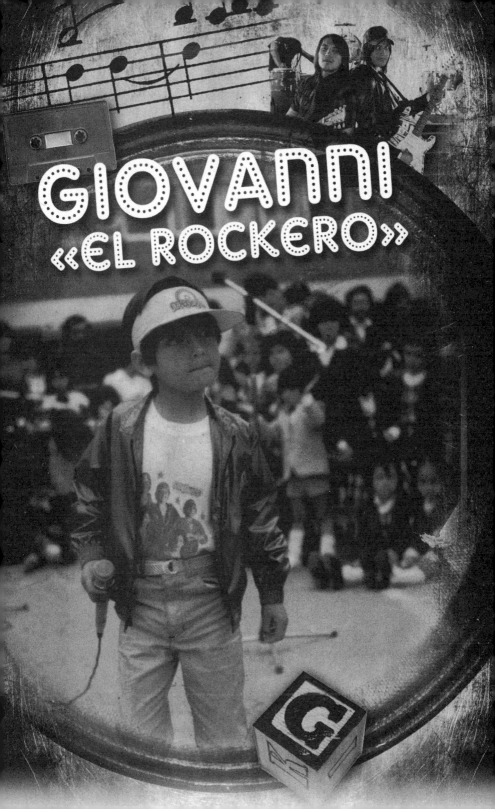

CAPÍTULO 1

NUNCA FUI EL PRIMERO EN NADA

Vivimos en una sociedad que nos presiona a ser los primeros en todo. Por ejemplo, debemos ser los primeros en el colegio para que nuestros padres nos den permiso para usar nuestros juguetes o para salir a jugar. Nos toca ser los primeros en la universidad para conseguir un buen trabajo. Por supuesto debemos ser los primeros en los deportes para obtener reconocimiento y popularidad. Ser los primeros en dar un beso, en tener novia, en experimentar relaciones sexuales, en tomar alcohol, en consumir drogas, para tener aceptación de nuestros amigos y ser parte de lo que en Colombia llaman «la rosca».

Por presión muchos jóvenes caen en la trampa de ser los primeros, pues definitivamente en nuestra sociedad eso parece atractivo, y así es que muchos comienzan una carrera desenfrenada. Lo curioso es que Jesús dijo en Mateo 19:30 que, «muchos primeros serán los últimos y que muchos últimos serán los primeros».

En mi familia no fui el primero. Tengo tres hermanos: Jazmín, Iván y Carolina, finalmente llegué yo. Gracias a Dios crecí junto a mis padres en un hogar sencillo como cualquiera de Latinoamérica, donde el padre trabaja para conseguir el sustento de la familia y la madre se encarga de la crianza de los hijos y el cuidado de la casa.

Desde muy temprana edad me di cuenta que no éramos la familia con más lujos o comodidades. No vivíamos en el sector más exclusivo de Bogotá, no íbamos de vacaciones a otros países o a lugares turísticos de Colombia, pero éramos una familia tranquila y feliz.

En el colegio no fui el primero, era el octavo de la hilera. Cuando teníamos algún evento cultural y nos tocaba formar en filas, como yo era de los más bajitos, entonces sí me tocaba estar adelante. Cuando llamaban por lista en orden alfabético, yo era de los últimos, pues mi apellido es Olaya.

A nivel académico nunca fui de los más destacados. Recuerdo que nunca icé la bandera por ser el mejor en matemáticas o ciencias, sino que una vez fui seleccionado para izarla por haber sido el más optimista…

Era lo mismo en los deportes. De niño tomé clases de Taekwondo, en las que solo duré seis meses, pues luego de aprender algunas patadas y puños realizaron un campeonato para pasar a un nivel superior. Lo malo fue que mi primer combate fue contra un niño muy gordo, y como yo era muy flaquito, me dio solo una patada en el estómago que me sacó todo el aire y me puse a llorar delante de todos los asistentes. Recuerdo que me sentí muy avergonzado, sobre todo porque algunas niñas me vieron llorar. Esa patada no solo me sacó todo el aire sino las ganas de querer ser como Bruce Lee.

En ese momento de mi vida, mi madre, que se llama Mercedes, me llevó a una iglesia cristiana donde comencé a conocer a Jesús. Tenía más o menos 8 años cuando llegué a la iglesia *Casa sobre La Roca*, en Bogotá, Colombia.

Luego de este episodio ingresé a una liga de baloncesto. En esa época de la adolescencia y de pleno crecimiento, me hubiera ayudado un poco tener mayor estatura. En esa escuela duré casi cinco años. Para mí todo se resumía en «baloncesto» de día, de tarde, de noche. Jugué contra todos los colegios de mi ciudad, contra muchas ciudades de mi país y hasta llegué a jugar en Venezuela contra algunas ligas de ese país. Pero adivinen qué… todos esos campeonatos los jugué sentado en la banca. Yo era el segundo cambio del alero titular y casi nunca me dieron la oportunidad de ingresar a jugar, así que esto me frustró de nuevo en los deportes. Entonces pensé que debía probar otras cosas que no fueran tan competitivas, como el grupo de los *scouts* de mi barrio. Con ellos ocupé mi mente en cosas muy sanas, pero entonces descubrí que allí también había un tipo de competencia que consistía en que el mejor sea el que tuviera más insignias en el uniforme. En esta ocasión aprendí que como yo no era familiar del dueño del grupo de scouts, entonces me era difícil aspirar a ser de los más destacados.

PRIMERO EL REINO DE LOS CIELOS

En conclusión, tuve muchas frustraciones en mi niñez y adolescencia porque siempre me habían inculcado ser el primero y nunca pregunté el por qué, o lo que hubiera sido mejor… preguntar el para qué.

Junto con el cuestionamiento de por qué debía ser el primero, comenzaron a llegar un montón de preguntas a mi cabeza como por ejemplo: ¿Por qué estudio? ¿Para qué conseguir un buen trabajo? ¿Por qué quiero más dinero? ¿Para qué quiero tener muchas cosas? También pensé: ¿De qué me va a servir todo esto en la eternidad? Existe un dicho colombiano que dice: «Nunca he visto entierro con trasteo». Por eso, el texto de Eclesiastés 1:14 dice «...en esta vida... todo... ¡es correr tras el viento!». En ese momento de mi vida también leí otros versículos que me orientaron, y de alguna manera me dieron **identidad y propósito.** Con el tiempo me demostraron que el verdadero propósito de esta vida es mucho más que ser el primero. Esos versículos son:

> «No acumulen para sí tesoros en la tierra, donde la polilla y el óxido destruyen, y donde los ladrones se meten a robar. Más bien, acumulen para sí tesoros en el cielo» (Mateo 6:19-20a).

> «¿De qué sirve ganar el mundo entero si se pierde la vida?» (Mateo 16:26).

> «Busquen primeramente el reino de Dios y su justicia, y todas estas cosas les serán añadidas» (Mateo 6:33).

Esto no significa que no estudiemos, que no trabajemos o que no merezcamos tener un mejor futuro. Lo que aprendí es que todo esto no debe ser lo primero en la vida porque nos puede llevar a la frustración. Sencillamente estas cosas tienen que ser las añadiduras que Dios nos da luego de buscar primero a Jesús, su Reino y su justicia.

Dios nos enseña que no se trata de ser los primeros para el mundo, sino de ser los primeros para buscar su Reino. Se trata de ser los primeros en hacer tesoros en el cielo, de ganar primero la vida, de no correr tras el viento sino tras el Paraíso. Se trata de dejar que Jesús sea el primero en nuestra vida, y en nuestro corazón. Dejar que Jesús guíe nuestros pasos, nuestras decisiones y nuestros sueños.

Aprendí también que todas nuestras añadiduras tienen que darle la gloria a Dios. ¿Qué pasó con el Giovanni lleno de derrotas? Solo cuando puse mi mirada en el cielo, cuando permití que Dios gobernara mi vida, cuando permití que Jesús tomara el trono de mi corazón y fuera lo primero, entonces comencé a vivir una vida en victoria, en bendición y en abundancia, como la que Jesús prometió darnos.

Cuando en nuestra vida no tenemos a Jesús como prioridad, fácilmente seremos los últimos, los perdedores. Cuando él está primero en nuestro corazón, somos victoriosos y ganadores. Lo mortal es absorbido por la vida. Todo lo que ven tus ojos algún día desaparecerá, pues lo único que trasciende es lo que no se ve, lo eterno.

En esa época me acuerdo que con unos amigos de la iglesia infantil, formé mi primera banda musical que se llamaba SINAÍ. Yo era el líder del grupo y cantaba las canciones que componían los demás. Tuvimos la oportunidad de tener algunas presentaciones, pero luego de dos años la banda se fue desintegrando porque algunos, pasaron a ser parte del grupo principal de música de mi iglesia.

En lo sentimental, gracias a Dios, fui el primero. Recuerdo que tuve mi primera novia a los 18 años. La conocía desde que estabamos en iglesia infantil. Comenzamos como buenos amigos, pero de despues de compartir mucho tiempo juntos, empezó a crecer en mí un sentimiento más allá de la amistad. Con el tiempo nos hicimos novios, dejándonos llevar por nuestro corazón.

CAPÍTULO 2

MI PRIMERA RELACION SENTIMENTAL

Además de ser mi primera novia, Natalia (Aunque ese no es su nombre real) fue también la primera mujer a la que besé. Recuerdo que mi primer beso fue largo, y no quería dejar de besarla porque estaba muy feliz.

Cuando mis amigos hablaban de besar a las mujeres me sentía avergonzado por no haberlo hecho nunca. Y entre más años pasaban, más miedo me daba, pues pensaba que la mujer a la que besara por primera vez se daría cuenta que no tenía práctica y se burlaría de mí. Tenía miedo de dejarla baboseada, porque escuché a mis amigos decir que si me ocurría eso, ella me rechazaría. Les confieso que esta fue una de las razones que me detuvo al momento de besar a una chica durante mis 14, 15, 16 y 17 años. Pensaba que todo el mundo se burlaría de mí....

Ahora sé que Dios usó ese temor para protegerme de no despertar la carne a temprana edad. Pero en mi primer beso, quería seguir besándola porque nunca antes lo había hecho, pero también por primera vez, empecé a sentir las hormonas en actividad, y eso me asustó. Parece que a mi Natalia también le gustaba besarme, y lo malo de todo es que la relación empezó a basarse en los besos, y solo nos veíamos para besarnos. Algo que me quitaba las ganas de seguir besándola era que mientras lo hacíamos, ella comenzaba a agitarse. En esos momentos algo por dentro me decía que íbamos por mal camino. Era como si una alarma se encendiera en mi interior y anunciara que entrábamos en zona de peligro.

El noviazgo no duró mucho tiempo. Llevábamos como dos meses de noviazgo cuando ella me contó que iba a actuar en una obra de teatro de su colegio y que tal vez le tocaría darse un beso con el protagonista. Yo pensé: «qué profesionales los colegios de ahora que permiten que en las obras de teatros los actores se besen...», pero nunca me interesó saber cuántas veces ensayaban o cuántas veces se presentó la obra. Lo que sí sucedió es que un día, mientras nos estábamos besando, en medio del beso ella me pidió que la perdonara... Me sentí algo confundido. Le pregunté por qué debía perdonarla. Entonces ella me confesó que le había dado un beso al protagonista de aquella obra de teatro, fuera del ensayo y de la obra. Yo simplemente le dije que la perdonaba, pero que no lo volviera a hacer, porque ese privilegio era solo del novio. Le dije que tenía que hacerme respetar con sus amigos del colegio, pero en verdad no sentí celos. Manejé la situación con madurez, sin embargo a ella le molestó tanto mi reacción que se puso brava y me reclamó que yo no la quería, porque en vez de enojarme y celarla, simplemente le decía que no lo volviera a hacer.

El noviazgo entre los dos seguía de una manera normal, solo que ya casi no me gustaba besarla porque sentía que ella continuaba agitándose rápidamente y esto cada vez me asustaba más.

Esta situación comenzó a hacerme desenamorar de ella. En varias ocasiones meditábamos sobre el tema y pensábamos que a Dios seguramente no le gustaba mucho que nos metiéramos en esas áreas de la carne. Pero a ella le era difícil cortar esos momentos entre los dos. Así que a mí me tocaba detenerme y recordarle que era una mala decisión seguir. También le recordaba el pacto de santidad que una vez habíamos hecho en el grupo de los *Timoteos* (el grupo de jóvenes de la iglesia). Este pacto nos comprometía a llegar vírgenes al matrimonio.

Recuerdo que el día que hicimos este pacto de santidad nos entregaron una especie de carnet con nuestro nombre que nos identificaba y donde además debíamos poner nuestras huellas dactilares. Aquella noche del pacto nos enseñaron esta frase: *El verdadero amor espera.*

DE LA FICCIÓN A LA REALIDAD

Luego de solo tres meses, Natalia llamó a mi casa, y en medio de la conversación me dijo que se había vuelto a equivocar, y que había besado nuevamente al protagonista de aquella obra de teatro del colegio. Le dije que era importante que tomara una decisión y eligiera con quién de los dos quería estar. También le dije que necesitaba tomarme un tiempo para pensar si yo realmente quería seguir con ella, pues no sentía que me respetara.

Paralelamente a esto, una familia de la iglesia me había invitado a pasar unas vacaciones en Medellín. Recuerdo que Natalia no quería que fuera porque esta ciudad tiene fama de tener las mujeres más lindas de Colombia.

Finalmente acepté la invitación y fui de vacaciones a Medellín, allí debía pensar si quería seguir o no con mi novia. Estuve casi 15 días en ese lugar. Esa fue la primera vez que viajé en avión, y todavía me pongo muy nervioso cuando viajo debido a turbulencias en el aire.

El siguiente domingo, luego de asistir a la iglesia, nos encontramos con Natalia en un parque a conversar. Ella me contó que se había puesto de novia con el protagonista de la obra de teatro de su colegio... jajajá. La relación pasó de la ficción a la realidad.

Además me contó que ya había tenido relaciones sexuales con él. Me entristecí por ella, pues no podía creer que me estuviera contando esto luego de haber salido de la iglesia.

Me impresionó cómo fácilmente deshechó los buenos consejos que nos daban a través de la Palabra de Dios, y no tuvo temor a las consecuencias que podría sufrir como resultado de la mala decisión. Es increíble ver a la gente caminar hacia sus fracasos, y sabiendo que ese es su final, no cambian de dirección.

Le expliqué que lo que hacía no agradaba a Dios y que estar fuera de su voluntad la llevaría a meterse en problemas. Le pedí que tuviera mucho cuidado, porque al tener relaciones sexuales, además de crear ataduras fuertes con las personas, podría terminar embarazada.

✪ CAPÍTULO 3
LAS PRESIONES EN LA UNIVERSIDAD

Luego de la experiencia sentimental vivida decidí concentrarme en mi carrera universitaria. Para ese entonces ya estaba en el tercer semestre de la carrera de Arquitectura. La presión en la universidad por tener relaciones sexuales era fuerte.

Desde un principio, mis compañeros se enteraron de que yo asistía a una iglesia cristiana. De hecho, invité a varios de ellos a participar de alguno de los servicios, y muy pocos aceptaron. Algunos me decían que si yo aceptaba una invitación a los bares o clubes, entonces me aceptarían la invitación a la iglesia. En oportunidades cedí a este tipo de negociaciones. Pero era muy duro para mí ver la realidad de los jóvenes, pues todos seguían sus sentimientos y se dejaban llevar por la influencia de otros. Con el tiempo mis compañeros se dieron cuenta de que yo tenía una fuerte convicción acerca de la santidad y que no la negociaría por nada ni por nadie, aunque esto me causara rechazo o burlas. El diablo siempre nos presiona para que cedamos buscando la aceptación y el agrado de los demás, por esa razón siempre intenta tomarnos desprevenidos, para que olvidemos los buenos consejos de nuestro Padre y caigamos en sus trampas.

No ceder ante las presiones, y en alguna ocasión contarles que era virgen, me llevó a ser rechazado y burlado. En una oportunidad escribieron en el espejo del baño de la universidad lo siguiente: «Olaya de arquitectura es homosexual». Yo simplemente los ignoré, pero sentí la burla ante los demás. En ese tiempo aprendí que «es mejor escuchar el concepto que Dios tiene de mí, que el concepto que los hombres tengan de mí».

Menos mal que tenía clara mi identidad en Jesús, de lo contrario fácilmente hubiera caído en esta trampa. Algo que también me ayudó a permanecer firme, era recordar una frase que me enseñaron mis pastores de jóvenes que dice: «A la persona que es virgen le es fácil volverse como los demás, pero a los demás les es casi imposible volver a ser vírgenes».

Esta frase me llenaba de orgullo y me hacía caminar con la frente en alto. Unos semestres después, uno de los jóvenes de mi curso que se burlaba de mí, me confesó que envidiaba que yo fuera virgen, y que le gustaría volver el tiempo atrás para tomar una mejor decisión. Agregó además que me felicitaba por ser un hombre que no se avergonzaba de lo que creía.

La universidad fue una etapa diferente de mi vida, pues estudié junto con muchachas. No estaba acostumbrado a eso ya que toda mi escuela primaria y secundaria la hice en un colegio solo para varones.

Pero había una mujer que siempre me llamaba la atención. Ella era mayor que yo, pero gracias a Dios nunca me puso atención y siempre me vio como un amigo. La invité a la iglesia algunas veces, y en alguna ocasión aceptó, pero no le gustó. Nunca más me volvió a aceptar las invitaciones a la iglesia, por lo tanto quité mi interes en ella, y nunca sucedió nada.

ESPEJOS DE LOS QUE APRENDÍ

Un día mientras estaba haciendo una maqueta para un trabajo de la universidad me llamaron al teléfono. Era Natalia, mi ex novia. Me preguntó si podíamos vernos, que tenía algo muy importante que contarme. Nos encontramos cerca de su casa. Fue entonces que ella me contó muy triste y llorando, que la semana anterior había abortado y que se sentía muy mal con ella misma y delante de Dios.

Ese día después de haber hablado mucho con ella, le di gracias a Dios por haberme guardado de este problema. Nunca olvidaré la palabra de Proverbios 14:16 que «el sabio teme al Señor y se aparta del mal, pero el necio es arrogante y se pasa de confiado».

Le aconsejé que debía perdonarse a ella misma, además debía pedirle perdón a Dios, pero sobre todo le dije que debía encontrarse verdaderamente con Jesús y tener un cambio genuino en su corazón, de lo contrario, ella viviría continuamente en problemas y en derrotas.

Poco a poco fui involucrándome más en mi iglesia, pues definitivamente me identificaba mucho más con Dios que con las mentiras del mundo. Siempre quise formar parte del grupo de alabanza, pero después de cuatro años de ir a las audiciones y que nunca me aceptaran se produjo algo de tristeza en mí, pero esto no pudo cortar mis ganas de servir.

Así fue que empecé a apoyar a mi líder de jóvenes en cada reunión de los viernes y a involucrarme más con los problemas de mis amigos de la iglesia. Por ejemplo, me impactó enterarme que algunos de ellos también cedían ante la tentación de la carne con sus novias, y terminaban teniendo relaciones sexuales. Esto me pareció extraño, ya que todos estábamos escuchando el mismo mensaje en la misma iglesia. Pero desde muy temprana edad pude ver que todos somos seres humanos y que no estamos exentos de caer. También pude aprender claramente, a través de estos espejos que veía en mi ex, en mis amigos de la universidad y de la iglesia, que lo más conveniente es obedecer los límites que Dios nos enseña, de lo contrario nosotros mismos seremos los perjudicados. Nuestros líderes se esforzaban reunión tras reunión por darnos los mejores consejos, y todo se botaba a la basura por un momento de pasión y por dejarnos llevar por lo que sentimos.

Muchos jóvenes desconocen quiénes son en Cristo, no tienen identidad en él y tampoco saben hacia dónde van o cuál es el propósito de Dios para su vida. Es por eso que debemos leer la Biblia, pues allí entendemos quiénes somos y cómo debemos tratar a este producto: el ser humano.

Dios nos creó con sus manos y nos compró con su amor, pero también como autor de esta obra, él sabe cómo protegerla y llevarla para que tenga un buen desempeño y sea duradera. Es por eso que es de vital importancia conocernos a través de su sabiduría, pues de lo contrario nos expondremos a voltajes que poco a poco deteriorarán y destruirán nuestra vida.

Te hago un llamado de atención para que seas sabio, astuto e inteligente. No creas que engañas a tus líderes o a Dios cuando haces cosas en lo oculto, sino que definitivamente te estás engañando a ti mismo. Dios, con su misericordia, nos perdona y no nos juzga, pero las consecuencias de cada error que cometemos es normal que las suframos en la vida… Cada uno de nosotros para tomar buenas decisiones día tras día, debemos valorarnos y conocernos, pues somos mucho más que un simple pedazo de carne.

Hay quienes dicen en cuanto al sexo que «aguanta una trotadita antes de la maratón», y lo que no saben es que en la trotadita se pueden «arriesgar» a que se se les parta el corazón o se les pegue alguna enfermedad. Por favor, no te creas esa mentira

Cuando vivimos la sexualidad fuera de los límites de Dios nos exponemos a un montón de temores y fracasos.

CAPÍTULO 4
EL DIABLO DISFRAZADO DE DROGA

Encontré a mi madre llorando e Inmediatamente le pregunté qué le sucedía. Ella, con lágrimas en los ojos, me dijo que desde hacía unos meses, cuando lavaba la ropa de mi hermano encontraba rastros de marihuana.

La droga es un mal que ha desangrado a mi país y ahora estaba entrando en mi hogar para enredar a mi hermano

Cuando era niño había un comercial en la televisión que mostraba en primer plano la cara de un hombre. El rostro del hombre era un poco rellenito, tenía buenos cachetes, pero mientras pasaban los segundos salía una frase que decía «la droga mata», y poco a poco este hombre se volvía una calavera, y su piel se iba adhiriendo a sus huesos. La imagen terminaba como la del protagonista de una película de terror. Esta propaganda me influenció mucho. Yo sabía claramente que si consumía droga, me iba a matar.

Tal vez mi hermano era muy pequeño y nunca fue totalmente consciente de este peligro. Quizas tampoco puso mucha atención cuando en la iglesia infantil nos enseñaron a alejarnos del mal.

Muchas veces intentamos hacerle entender a mi hermano acerca del problema en el que se estaba metiendo. Le recordábamos que se estaba alejando del buen camino de Jesús, pero la rebeldía de la adolescencia lo hacía enceguecerse y por supuesto las malas compañías lo alejaban cada vez más de los buenos consejos de su familia.

Las drogas traen consigo muchos males. Por ejemplo, para mí, era muy triste ver a mi madre a altas horas de la noche salir a la puerta de la casa a esperar a mi hermano. Mientras tanto, yo estaba en el cuarto de estudio haciendo maquetas o dibujando planos. Muchas veces me acercaba a mi madre y le pedía que entrara, pues con el frío que hacía se podría resfriar, pero mi madre comenzaba a llorar y me preguntaba por qué Iván nos estaba haciendo esto. Cada día la veía más deprimida.

Era difícil ver a llegar a mi hermano y observar cómo mi madre llorando le pedía que no se hiciera más daño consumiendo drogas, y lo único que ella recibía de mi hermano eran reproches y palabras duras como por ejemplo: «Déjeme, respete mi decisión» o «No se ponga a llorar que no pasa nada».

Los meses pasaron y la cara y el aspecto de mi hermano comenzaron a cambiar. Poco a poco la droga envuelve a los jóvenes con sus mentiras y los lleva a aguas más profundas.

Luego de la marihuana, mi hermano Iván comenzó a aspirar cocaína, después a comer hongos alucinógenos, pepas, y finalmente algo que ya casi se lo lleva a la calle que es el pegante, droga que normalmente consumen los indigentes. Rápidamente echaron a mi hermano del colegio, pues estar en las drogas trae malas amistades, vagancia y peleas de pandillas. Muchas veces mi madre me pedía que oráramos no solo porque mi hermano saliera de este mal sino para que Dios protegiera su vida.

Winston, mi padre, trataba de ejercer la autoridad. Él castigaba a mi hermano por no tener un buen rendimiento académico y por estar en malos pasos, pero mi hermano siempre buscaba la manera de evadirlo y hacía caso omiso a sus órdenes.

Siempre le insistía a mi hermano que volviera a la iglesia, trataba de predicarle o compartirle una porción de la Palabra. Lo invitaba cuando había un concierto, una obra de teatro o cuando nos visitaba algún conferencista internacional, pero solo conseguía espantarlo más, pues decía que todo eso le parecía muy aburrido, y que mi familia y yo estábamos locos.

Después me di cuenta que cuando mi hermano me veía con una Biblia en la mano no se me acercaba, pero cuando tenía la guitarra simpatizaba un poco más.

A los dieciséis años, en mi último año en el colegio, aprendí a tocar la guitarra. En un descanso vi a un amigo con una guitarra y le pregunté si era difícil aprender a tocarla y respondió que no. Luego me preguntó si quería aprender, entonces me dibujó las notas en una hoja cuadriculada y yo comencé a ir al salón de música en los descansos y tratar de tocar las notas dibujadas.

Tenía tantas ganas de aprender, que en un mes ya estaba haciendo las notas más difíciles para un principiante, que en guitarra las llaman «notas de cejilla». Con esto que viví, comprobé el dicho popular:

«Querer es poder».

Poco a poco empecé a sentirme más confiado con el instrumento y logré sacar algunas canciones, y ya no solo tocaba sino también cantaba. Siempre me gustó cantar, pero nunca me interesó aprender a usar técnicamente el instrumento de la voz, sino que cantaba por cantar.

Tengo registros fotográficos de cuando estaba en preescolar cantando los días de actos culturales, en el colegio donde estudiaba. Pero nunca pasó de ser un hobby de mis tiempos libres. Mi madre siempre ha estado orgullosa de mí, y en las fiestas de cumpleaños o en Navidad me hacía cantar y tocar la guitarra ante sus amigas, mis familiares y los amigos de la iglesia. Todos me escuchaban por respeto al orgullo de mi mamá, pero recuerdo no levantar la mirada mientras cantaba pues temía encontrarme con rostros aburridos.

En algunas ocasiones mi hermano se me acercaba y me preguntaba si sabía canciones de *Nirvana*, de *The Doors* o de otros grupos que a él le gustaban. Yo le decía que no, que solo sabía canciones de Marcos Witt o de Jesús Adrián Romero. Él me respondía que me estaba perdiendo de escuchar «buena música». Mi respuesta era que esa música no aportaba nada bueno, sino que al contrario, solo lo motivaba a seguir siendo rebelde. Por esa razón él me pidió que le enseñara a tocar, para que él mismo ejecutara la música que quería.

Le enseñé lo poco que sabía, pero mientras aprendía, me insistía que lo ayudara a sacar las notas de las canciones de esos grupos. Ese pedido me hizo entrar en conflicto, no sabía qué hacer, pues me daba cuenta que si accedía me ganaba un poco de su confianza. A estas alturas nos habíamos distanciado mucho, porque no me gustaba que le faltara el respeto a mi padre y que no tuviera misericordia de las lágrimas de mi madre. Por eso peleábamos mucho. Entonces pensé que si sacaba las notas musicales de las canciones que él quería, de pronto se crearía un momento de acercamiento y podría volver a hablarle de Dios. Y así ocurrió. Creo que alguna vez le enseñé un par de esas canciones del diablo… jajajá. Pensé que mientras las tocaba se me iban a derretir las manos, pero nunca me sucedió nada, al contrario, pude acercarme de nuevo a mi hermano.

Mi madre siempre ha sido un ejemplo para mí en cuanto a amar a Dios con pasión. Ella siempre ha sido una sierva de Dios, pero el problema de mi hermano la descompensaba mucho. Hoy en día sé que Dios usó este momento como una prueba para mi familia, ya que fortaleció nuestra fe en él. El Salmo 66:10 dice que Dios nos pone a prueba para purificar nuestros corazones. Mi madre siempre le compartió a todos los vecinos de la cuadra y del barrio acerca del amor de Dios, pero el diablo siempre trató de avergonzarnos con el problema de mi hermano.

En una ocasión, unos vecinos vinieron a decirnos que mi hermano había entrado a su casa y después de su visita nunca más encontraron un reproductor de música que ellos tenían. ¡Lo estaban acusando de robo! Nosotros con pena les dijimos que no creíamos que él fuera capaz de eso, pero nos llevamos una sorpresa cuando buscamos en su armario de ropa y encontramos el aparato. Con mucha más vergüenza nos tocó ir a entregar lo que él había tomado. Como a Iván no se le daba plata, porque sabíamos que la usaría para comprar droga, él tenía que ver cómo se las rebuscaba. Nunca pensamos que fuera capaz de robar algo.

Este tipo de cosas no solo deprimían a mi madre por ver que su hijo estaba cada vez peor, sino que nos hacían quedar mal con el vecindario. Yo sabía que el diablo era bien cochino, pues buscaba la forma de dañar la imagen de mi familia, pero otro dicho popular dice: «En juego largo, hay desquite», y con Dios siempre tendremos una revancha.

CAPÍTULO 5

LA MUSA DE LA INSPIRACIÓN

Con el tiempo me atreví a componer mis propias canciones.

Como mi hermano no me escuchaba cuando le predicaba, aproveché la música para predicarle cantando. Pero al comienzo no conseguí buenos resultados. Cuando le cantaba alguna de mis canciones me criticaba fuertemente y me decía que eran súper aburridas, y que a nadie le iban a gustar. Me volvía a decir que mejor tratara de hacer música como la que él escuchaba.

La verdad, sus palabras me desmotivaban mucho, pues a veces pensaba que mis canciones realmente eran aburridas, y que solo le gustaban a mi madre.

En una mañana, durante unas vacaciones luego de acabar el sexto semestre de Arquitectura, mi madre me despertó gritando: «**Giovanni, levántese. ¡Esta casa se está cayendo de la mugre! Y nadie ayuda con nada**».

Al oír ese grito la musa inspiradora apareció. Bajé al primer piso, todavía un poco dormido, pero pensando mucho en esa frase. Mi madre muchas veces me había dicho esto, pero por primera vez reflexioné sobre ella y me pareció que era una frase muy propia de las mamás colombianas. A la vez me pareció que esa frase tenía sabor y un mensaje, más allá de lo que significaba realmente.

Ya en el primer piso de la casa, frente a la escoba y mi guitarra, supe que también estaba frente a una decisión muy crucial en mi vida. Pensé: «**¿Le ayudo a mi madre o compongo una canción con esa frase tan particular?**». No tuve que pensarlo mucho. Tomé mi guitarra y me encerré en el cuarto de estudio a componer una nueva canción.

Esa canción tiene un coro que dice: «Mi casa se cae de mugre, si tú no la ordenas, se me hunde». ¡Wow! ¡Qué letra tan diferente! ¡Qué canción tan extraña! Pero sobre todo, ¡qué canción tan chévere!

Ese día esperé ver a mi hermano. Tenía muchas ganas de mostrarle esa nueva canción. Sabía que esta vez tenía algo muy especial para enseñarle y así fue. En la noche, cuando mi hermano llegó, le dije que quería mostrarle la nueva canción que había compuesto. Él, con poca disposición, me hizo cara de aburrimiento, pero me dijo: «A ver, cante».

Comencé a cantarle toda la canción, en especial el coro: «Mi casa se cae de mugre, si tú no la ordenas se me hunde...». Al final él hizo silencio y luego me dijo: «Giovanni, ¡qué canción tan Kolina!». ¿Qué significaba eso?

Quedé algo confundido y pensé: «Kolina... Kolinos... Colgate... Aliento fresco... la casa con mugre. ¿Debo lavar mi casa como mis dientes?». No entendía, pero luego mi hermano con gran admiración me dijo: «Esa canción está buenísima». Me pidió que se la enseñara, y yo me sentía tan feliz que le enseñé las notas musicales y cómo tocarla.

UNA MUJER QUE INSPIRA

Mi madre ha sido un gran ejemplo de evangelista. Un día me dijo que estaba planeando ir con sus amigas al parque donde estaban los drogadictos, y durante siete días les regalarían un desayuno. Ellas llevarían mesas con manteles y todos los utensilios, para acercarse más a todos. Antes de comer harían una oración y les compartirían una pequeña porción de la Palabra.

Al cabo de los siete días, varios de ellos caerían en las redes de esa campaña evangelística. Esa vez me di cuenta que el amor de una madre por recuperar a su hijo es algo que jamás entenderé, puesto que soy hombre.

Mi madre inventaba las cosas más atrevidas con tal de intentar una vez más rescatar a su hijo, que ya llevaba más de cuatro años en las drogas. Las otras amigas de mi madre también tenían a sus hijos atrapados en la misma adicción. Lo que no me gustó mucho fue que también me invitó y me dijo: «Hijo, como usted canta, ¿será posible que pueda ir con la guitarra y cantar esas canciones que usted compone?».

Inmediatamente recordé los gustos musicales de ellos y le respondí a mi madre que no iría porque me daba miedo que me rechazaran o que mi música les pareciera aburrida. Además, le recomendé a mi madre que tuviera cuidado con ellos, pues los drogadictos de mi barrio tenían un aspecto amedrentador. Ellos se la pasaban en el parque todo el día, y desde las nueve de la mañana estaban allí fumando marihuana y haciendo barras. Así era en mi barrio, por eso a uno le daba miedo pasar cerca, aunque uno de ellos fuera mi hermano. Mi madre se puso un poquito triste cuando le dije que no la acompañaría, y me dijo: «Pues de parte de Dios, ahí se la dejo Giovanni». Quedé confrontado con las palabras de mi madre. Luego, ella se fue.

Cada día ella salía alegremente con todas sus amigas y con todos los preparativos para el parque. Cerca del mediodía regresaba nuevamente a la casa, feliz por lo que había hecho. Me contaba que todos habían comido y que habían recibido bien el mensaje.

Hacia el final de la semana comencé a sentir que debía poner mi granito de arena en esta campaña, a pesar de mis temores. Así fue como el último día tomé valentía y me dirigí hacia el parque con mi guitarra. Apenas llegué comencé a reconocer algunos rostros de amigos de la infancia que estaban también envueltos en este problema, solo que obviamente su aspecto estaba muy cambiado.

Mi madre me presentó y yo pensé cantar la única canción que a mi hermano le había gustado, así que comencé: «Mi casa se cae del mugre, si tú no la ordenas se me hunde». Al terminar, todos aplaudieron y dijeron: «¡Qué canción tan Kolina!». Nuevamente quedé confundido y les pregunté: «¿Qué es eso de Kolino?». Y me respondieron que significaba que la canción estaba buenísima, finísima, chidísima, brutal o bárbara. Eso me dio mucha alegría, pero en ese momento caí en la cuenta que nunca le había explicado a mi hermano qué significaba lo que estaba cantando. Entonces les dije a todos que me dieran un minuto para explicarles qué significaba: «Esa casa es la vida de cada uno. Esa mugre es la droga que está derrumbando sus vidas, y el único que puede entrar a su rancho y limpiarlo con su amor se llama JESÚS».

Hubo un silencio, y luego uno de ellos me dijo: «¡Wow! ese mensaje está muy Kolino». Ese día también les dije que permitieran que Jesús entrara a su corazón para que les ayudara a cambiar. Yo quedé impactado de haberles hablado de Jesús de esa manera tan fresca y de que ellos hubieran recibido la enseñanza sin rechazarme.

Regresé a mi casa con muchos pensamientos en mi cabeza, pero sobre todo impresionado por la manera tan diferente de cómo Dios me había utilizado en ese parque.

Muchos jóvenes creen que Dios solo le dio talento a los músicos, a los danzarines o a los actores. Piensan que como no han podido estudiar una carrera profesional, entonces no tienen talento. Con orgullo les cuento que mi madre llegó hasta tercer grado en la educación básica, y a sus 16 años quedó embarazada de mi hermana mayor.

Desde ese entonces ella tuvo que aprender los oficios del hogar, o sea a cocinar, limpiar y criar a sus hijos. Por falta de dinero nunca pudo terminar sus estudios o aspirar a otras cosas en la vida, pero desde pequeña fue muy creyente en Dios y lo buscaba. Ella fue la que nos llevó a todos a conocer a Cristo. Con el tiempo se apasionó tanto que comenzó a servir al Reino, y desde ese entonces no para de predicarle a cualquiera que se le atraviesa.

Es increíble pensar que por la oficina de mi madre (o sea la cocina), vi pasar a más de doscientas mujeres llorando, con problemas, y luego de hablar y orar con ella, salieron con Jesús y una esperanza en su corazón.

En conclusión, si mi madre con sus talentos en la cocina ha sido usada por Dios, entonces cualquier joven que esté leyendo este libro podrá ser usado por Dios también. Hoy en día, gracias al esfuerzo de nuestros padres, todos tenemos más oportunidades, y por lo tanto, más opciones de que Dios nos use.

CAPÍTULO 6
UNA PALABRA BASTÓ PARA SANARLO

Luego del episodio de los desayunos para los drogadictos en el parque, mi hermano aceptó la invitación de ir a la iglesia. Ese día predicaba el pastor Darío Silva Silva, y vimos a mi hermano dispuesto a escuchar la prédica. Mejor dicho, abrió sus oídos y dispuso su corazón para recibir.

Durante la prédica solo le pedíamos a Dios que tocara a mi hermano con su amor y que él pudiera sentir su perdón. Nuestra confianza estaba puesta en Dios, era nuestra única esperanza pues carecíamos de recursos económicos. Nunca tuvimos el dinero para pagar la rehabilitación de mi hermano, pero tuvimos la gracia para que el rehabilitador de la vida obrara en su corazón. Lo que sucedió ese día fue increíble. Sobrenatural. Luego de tantos años de sufrimiento, de oración y de no poder pagar un Centro de Rehabilitación, solo bastó una Palabra de Dios para sanar a Iván para siempre.

Les cuento que no fue fácil esperar a que Dios actuara, en su sabiduría sabía lo que tenía que hacer en cada uno y cuándo era el momento para sanar a mi hermano. Una de las canciones que compuse en medio de esta prueba fue *El paraguas*. El coro dice: **«Que tú me cubres del aguacero, tú eres mi paraguas, mi consuelo, que tú me guardas hasta que despeja y luego se asoma el sol por la ventana».**

 El paraguas es una canción que le canto a Dios en momentos de lluvia, en tiempos de tormenta. Cuando llegan de nuevo los problemas, recuerdo que Jesús es mi refugio seguro, mi roca firme, mi torre fuerte.

Estaba tan agradecido a Dios por haber hecho el milagro en mi hermano, que un día le dije: «Dios, si así lo deseas, usa las canciones que compuse». Por eso empecé a cantarle a más drogadictos de mi barrio, y también a los de mi universidad y a cualquier drogadicto que se me atravesara.

Algo ocurrió en mi corazón. Una gran carga por la juventud me invadió, no solo por los drogadictos sino por todos los jóvenes. Cada vez que pasaba por algún parque, algún barrio o por alguna universidad, y olía a marihuana, mi corazón se entristecía y trataba de ubicar a los jóvenes que estaban consumiendo. En mi corazón sentía pesar por la madre de cada uno de ellos, y además sentía misericordia por esa vida que estaba siendo engañada y poco a poco cayendo en la trampa sin salida.

Sentí claramente el llamado de Dios. Un día, cuando estaba solo en mi casa, tocaron a la puerta. No reconocí el rostro de quien llamaba, por un momento pensé que era alguien pidiendo comida o dinero. De pronto, en medio de la mugre, reconozco su cara. Era Jonathan, el mejor amigo de mi hermano, tenía el aspecto de un indigente.

Abrí la puerta, y a pesar de su olor y aspecto, lo abracé y le pregunté por qué estaba así. Él me respondió: «Porque mi familia se cansó de mí y me botó a la calle. Ya llevo así varios meses».

Comencé a llorar y lo abracé más fuerte. Le dije: «Jonathan, ¿qué has hecho con tu vida? Tú conoces el Camino. Tú has escuchado de Jesús». Él, llorando, me respondió que a esas alturas sabía que se había equivocado pero que le era difícil salir de ese agujero. Había tratado mil veces pero estaba totalmente atado a la droga, y por más que quería ya no podía dejarla.

Yo lloraba por dos cosas, de tristeza porque me compadecía ver a Jonathan de esta forma, y de alegría, agradeciéndole a Dios porque mi hermano no había llegado hasta esa instancia. No quería imaginar a mi madre sufriendo al ver a mi hermano como un indigente. Me dolía pensar en la madre de Jonathan.

Ese día Jonathan entró a nuestra casa, se bañó y le dimos ropa nueva, pero al día siguiente quiso regresar nuevamente a la calle. Ojalá pronto pueda tener una vida nueva. Solo basta con que Jonathan disponga su corazón y deje que una palabra de Dios lo alcance para sanarlo. Aún hoy me duele cuando pienso que Jonathan continúa en la calle.

Desde ese día no volví a ser el mismo, miré mis maquetas y mis planos y le dije a Dios con toda convicción: «Heme aquí. Si tú quieres estoy dispuesto a llevar tu luz a las naciones». Una pasión muy grande se despertó en mí. Una llama de misericordia por los perdidos se avivó en mi corazón, y hasta el día de hoy sigue encendida.

Así fue que continué cantando con mi guitarra a todo joven que me diera la oportunidad para que a través de la música pueda sentir el amor de Dios sin religión, sin fórmula y sin esquemas.

El grupo de jóvenes del que participaba y con quienes servía los domingos en la iglesia se llamaba *Amigos Timoteos*. Allí, como de costumbre, me preguntaron: «¿Cuál es la petición por la que quieres que oremos?». Por primera vez, después de más de cuatro años, respondí: «No sé, Dios ya sanó a mi hermano». Todos se pusieron felices. Todos me felicitaron y me abrazaron. Nunca pasó por mi cabeza que de pronto mi hermano recayera en las drogas, porque tenía la convicción de que lo que Dios hace es perfecto, pues su bendición no añade tristeza. En este grupo de servicio tuve muchos amigos y amigas pues básicamente de eso se trataba este grupo, de no dejar a nadie solo y de demostrarle que en la iglesia había personas dispuestas a estar siempre cuando se les necesitara.

Las amistades son algo muy importante en el desarrollo de una persona. Es increíble cómo pueden influenciarnos o cómo podemos influenciar a través de una amistad. Luego de muchos años, mi hermano me contó que él había cedido ante las drogas por culpa de las malas amistades, a raíz de sentirse solo cuando una novia había terminado con él.

¤ CAPÍTULO 7
UNA AMISTAD INTENSA

Me la presentaron un viernes en la noche en el grupo de jóvenes de mi iglesia. Al finalizar la conversación, nos dijo a los que estábamos cerca, que dentro de ocho días cumpliría años y que no se nos olvidara llevarle regalos.

Cuando llegó ese viernes, en mi universidad había una amiga que tenía automovil y vivía cerca de mi iglesia. Le pedí que por favor me llevara. Ella dijo que sí, pero debía comprarle un brownie (una especie de pastel de chocolate), que ella estaba vendiendo. Pensé que era un buen negocio pues el pasaje en autobus valía lo mismo que el brownie, solo que ella me dejaba más cerca de la iglesia. Cuando llegué a la iglesia me encontré con Catalina y ella me dijo: «¿Qué me trajiste de regalo?». Quedé algo confundido y me sentí un poco apenado, pues me había olvidado por completo que era su cumpleaños. Pero… de pronto me acordé del brownie. Lo saqué de mi maleta, y se lo regalé. Ella se puso feliz y yo solo pensé: «Gracias Dios, ¡de la que me salvaste!». El haber tenido este detalle con ella hizo que me tomara un cariño especial, tan especial que creo que confundió un poco las cosas. De pronto empezó a mirarme diferente y a mostrar un interés más allá de una simple amistad.

Catalina me pidió mi número telefónico y empezó a llamarme entre semana. En la iglesia siempre estaba a mi lado, y cuando finalizaba la reunión me pedía que la acompañara a tomar el bus hacia su casa. A mí me daba vergüenza decirle que no podía acompañarla. Entre más pasaba el tiempo me daba más pesar decirle que no a todo lo que me pedía, pues ella era recién llegada al grupo de jóvenes.

Un día, cerca de la iglesia, mientras esperábamos el autobus que la llevaba a su casa, comencé a apurarme porque tenía muchas tareas que hacer para la universidad. De pronto, pasó el autobus que me llevaba a mi casa y le dije a Catalina que debía irme y que no podía esperar a que el bus de ella pasara. Entonces ella dijo que me acompañaría hasta mi casa y que desde allí tomaría el autobus que la llevaría hasta su casa. Por el apuro le dije que estaba bien, entonces me di cuenta que ella se estaba poniendo muy intensa. Pero la cosa se puso peor aun cuando cada semana ella me acompañaba hasta mi casa. Hasta que una vez el padre llegó a buscarla a mi casa, me dijo de una manera fuerte, que yo debía ser el caballero que acompanara a su hija. Por respeto no le respondí, pues tenía muy claro que ella no me interesaba. Yo pensaba que ese episodio distanciaría a Catalina de mí, y pensé que Dios me estaba haciendo un favor.

De pronto, un día Catalina volvió a buscarme, y luego de una reunión de jóvenes comenzó a contarme cosas de su vida, muy privadas. Ella tenía 16 años cuando yo la conocí, y esa noche me contó que había tenido un novio antes de conocer a Jesús y que había tenido relaciones sexuales por primera vez a sus 14 años.

Me quedé sorprendido con esa información, pero me dio más tristeza cuando me contó que a sus 15 años había quedado embarazada, y que a los tres meses había abortado. Para mí era increíble que una niña, de apenas 15 años, ya hubiera abortado. Obviamente mientras ella me contaba todo esto, lloraba mucho.

Yo le dije que permitiera que Dios sanara sus heridas, pero mientras hablábamos, ella se me acercó, y me besó… *«Dios mío, ¿qué está pasando?»*, pensaba. Yo no tenía intención de besarla, pero me dio tanto pesar lo que me contó, que verdaderamente, y aunque suene duro, la besé por lástima. Como sabía que yo le gustaba y su corazón estaba triste, pensé en corresponderle para hacerla feliz por ese momento…

Me dejé llevar y terminé equivocándome, pues nunca debí permitir que las cosas llegaran a esa instancia. Me dejé llevar por mis emociones y todo se empezó a enredar. De pronto me vi en una situación muy difícil por haber besado a esta mujer que no era mi novia, y más que la besé como por darle un premio, como jugando a ser Dios, pues me engañé pensando en curar su herida a través de un beso.

Todo este episodio me enseñó que a veces los hombre no medimos las cosas y no actuamos sabiamente. Nunca debí regalarle ese brownie a Catalina. Nunca debí acompañarla al autobus. Nunca debí permitir que me acompañara a mi casa ni estar solo con ella. Nunca debí besar a alguien que no fuera mi novia.

En mi iglesia siempre me enseñaron que en cuestiones de consejería, lo más sabio es hablar a solas hombre con hombre y mujer con mujer. Obviamente el que aconseja debe ser mayor que el aconsejado, por cuestión de experiencia, y yo le llevaba apenas tres años de edad a Catalina. No sabía cómo manejar temas tan pesados como el aborto.

Los hombres deben conocer un poco más a las mujeres y no deben hacer nada que se malentienda y dé lugar para jugar con sus sentimientos, pues tarde o temprano se verán envueltos en una situación enredada como en la que estuve yo. Haber besado a esta mujer sin que fuera mi novia llevó a exponer mi testimonio frente a ella y sus amigos de la iglesia, porque obviamente podría contarles lo sucedido.

Ese día regresé a mi casa pensando en todo este rollo. Pensé que tal vez lo mejor sería pedirle que fuera mi novia para que no pensara que yo era de esos que me aprovechaba de las chicas nuevas en la iglesia para besarlas sin compromiso. También pensé que dejaría pasar algunas semanas o meses de estar de novio con ella, y luego terminaría por cualquier motivo. El no ser claro y sincero desde un principio me había llevado a ser un metiroso.

CAPÍTULO 8

SENTIMIENTOS, DECISIONES Y ORACIONES TONTAS

A raíz de toda esta situación tomé la mala decisión de ponerme de novio con Catalina. Yo evitaba verla porque no quería que el sentimiento creciera. Tampoco quería que nos vieran juntos, ni quería besarla. Eso sí... hablábamos mucho entre semana, y pensé que Dios me iba a usar para sanar la tristeza que tenía en su corazón, y luego de esto terminaría con ella.

Así duramos casi tres meses, yo seguía concentrado en avanzar en mi carrera mientras esperaba la oportunidad de terminar mi relación con Catalina. El momento surgió en el cumpleaños de una líder de la iglesia. Ese día ella se enojó conmigo por algo que no recuerdo, pero aproveché la ocasión para decirle que lo mejor sería que no siguiéramos juntos. Tengo que confesar que a veces los hombres manipulamos las situaciones sentimentales a nuestro favor, pero lo que no sabemos es que no podemos engañar a Dios. Él conoce las intenciones de nuestro corazón. Además, cuando creemos que podemos manipular la situación, ignoramos que no solo les hacemos daño a las mujeres sino que también nos perjudicamos a nosotros mismos. Creí que estaba siendo muy astuto, pero qué caro tuve que pagar todos mis errores.

A los tres días de haber terminado con Catalina me llamó por teléfono y se puso a llorar. Me pidió que siguiéramos con la relación. Sentí lástima y nuevamente no fui capaz de mantener mi decisión. Estaba confundido pues no sentía amor por ella, pero me daba lástima romperle el corazón. Sabía que su pasado era muy doloroso como para darle una nueva tristeza.

Le pedí a Dios que con el tiempo pudiera enamorarme de ella y así fue como me dispuse a quererla. Creí que estaba haciendo bien mi parte al sentir que no importaba pensar en mis sentimientos si podía agradarla a ella. Obviamente nunca le dije que no la amaba, sino que era algo entre Dios y yo.

Ahora soy consciente de lo tonta que fue esa oración. La mentira y la lástima son dos muy malas bases para comenzar una relación, sobre todo cuando la responsabilidad del amor Dios se la encargó al hombre, y yo no estaba cumpliendo bien mi rol.

Con el pasar de los días Catalina entró al grupo de servicio en la iglesia. Esto hizo que compartiéramos mucho más tiempo. No sé en qué momento exacto comencé a sentir que me estaba enamorando de ella. Cuando no estábamos juntos sentía que la extrañaba. Tal vez porque me había acostumbrado a que ella estuviera pendiente de mí, y era la única persona que me llamaba y me demostraba que yo le interesaba.

Muchas personas basan sus relaciones en la costumbre y no en el amor, en el miedo a la soledad o en el conformismo de pensar que no merecen algo mejor.

EL CEMENTERIO DE LOS JÓVENES CRISTIANOS

Después de dos años de noviazgo Catalina ingresó a la universidad y con el tiempo ella empezó a cambiar conmigo. Ya casi no le gustaba pasar tiempo juntos, hacía rato ya que no nos dábamos un beso, y casi no nos veíamos porque ella siempre estaba estudiando. También dejó de asistir a la iglesia con frecuencia.

Yo pensaba que todo esto era normal, pues como yo ya había pasado por esos primeros años de la universidad entonces dejaba que ella disfrutara sin ser un obstáculo para su felicidad. Lo que nunca imaginé fue que ella se estaba enfriando en su relación con Dios a raíz de entrar en este nuevo «mundo» con determinadas libertades para manejar su tiempo, sus horarios y las muchas amistades nuevas que consiguió.

Un día el pastor de jóvenes de mi iglesia dijo una frase que me hizo pensar mucho en lo que estaba sucediendo con Catalina. Él dijo que «le daba tristeza que las universidades se estuvieran convirtiendo en los cementerios de los jóvenes cristianos». Durante la adolescencia muchos le sirven a Dios con pasión y con fuego, pero al llegar a la universidad el mundo los seduce de tal manera que poco a poco se van apegando hasta llegar al punto de dejar el servicio, dejar de congregarse y poner a Dios a un lado. Todo esto por dejarse llevar por las mentiras que el mundo les ofrece a través de la libertad que tenemos en esta época de la vida, y de la rebeldía y la autosuficiencia que creemos tener.

A raíz de este fenómeno que se estaba presentando en mi iglesia, ese año se dieron varias conferencias acerca de conocer más a Jesús y lo que tenemos con él. De esta manera pretendían que seamos conscientes de que el mundo siempre querrá engañarnos y alejarnos de la Verdad, del Camino y de la Vida. Por todo esto, el pastor de jóvenes me pidió el favor de componer una canción que hablara sobre este fenómeno para cantarla en las reuniones, y que poco a poco se volviera un himno para la juventud de la iglesia. Además me dijo que al final del año quería hacer un concierto donde cantara mis canciones. Esto me animó muchísimo, pues ese sería mi primer concierto como solista, y los músicos del grupo de alabanza de mi iglesia me ayudarían en el montaje de las canciones. Aunque siempre soñé con tener una banda e hice muchos intentos de conformar algunas en varias ocasiones, esta era una oportunidad que Dios me daba a través de mi pastor para aprovecharla.

A través de 2 de Timoteo 1:12 que dice: «Pero no me avergüenzo, porque sé en quién he creído», aprendí que cuando conozco a Dios y valoro todo lo que él es y lo que tiene para mí, no me da pena que los demás se enteren que lo amo, lo sigo y le sirvo. Por lo tanto, me inspiré para componer esta canción que titulé *No me avergüenzo, yo sé en quién he creído*.

NO ME AVERGÜENZO

LETRA Y MÚSICA: Giovanni Olaya

No me da pena si me ven cantando, no me da pena si me ven bailando.
Desde hace tiempo morí al qué dirán, aunque me tachen y me miren mal.
No me da pena si me ven brincando, no me da pena si me ven gritando
Que estás bien loco, que estás perdido
No me avergüenzo yo sé en quien he creído.

Ya estoy tan cansado que me vengan a decir que fulanito cayó y en la «u» se cananeó.
Pudo ser por inconsciente, por rebelde o ignorante, puede ser verdad, pero mijo echá palante.
Tal vez un buen plato de lentejas, no que esas viejas están feas.
Tal vez el ambiente o las tabernas, que no le gustan las cervezas.
Entonces le faltó identidad, confiar o creer y declarar.

CORO
YO NO NEGOCIO CON MIS PRINCIPIOS, NO ME AVERGÜENZO, YO SÉ EN QUIEN HE CREÍDO
NO ME DA PENA, NO ME AVERGÜENZO, NO ME DA PENA, EN JESÚS CONFÍO,
NO ME AVERGÜENZO, YO SÉ EN QUIÉN HE CREÍDO.

Ya estoy tan cansado que me vengan a decir fulanita cayó y en la «u» se quemó.
Pudo ser un niño lelo con auto último modelo, puede ser verdad, ay qué tipo tan feo.
Tal vez lo inocente o lo creída, o la dieta y la comida.
Tal vez el horario y las mentiras, no que esa niña no es cristina.
Entonces le faltó identidad, confiar o creer y declarar

CORO
YO NO NEGOCIO CON MIS PRINCIPIOS, NO ME AVERGÜENZO, YO SÉ EN QUIEN HE CREÍDO
NO ME DA PENA, NO ME AVERGÜENZO, NO ME DA PENA, EN JESÚS CONFÍO,
NO ME AVERGÜENZO, YO SÉ EN QUIÉN HE CREÍDO.

A los jóvenes cristianos nos hacen falta dos cosas muy importantes: la identidad y el propósito. Estos son los dos grandes pilares en los que ha estado cimentada mi vida sobre la roca.

Recuerda que primero debemos saber quiénes somos, y esto solo lo descubrimos leyendo la Palabra de Dios. Haciendo caso de lo que ella dice que somos, y viviéndolo día tras día. Segundo, debemos saber hacia dónde nos dirigimos. Esto también lo encontramos en la Biblia, pues allí descubriremos para qué Dios nos tiene en este planeta.

El que no sabe quién es, mucho menos sabrá para dónde va.

CAPÍTULO 9

LO QUE EMPIEZA MAL TERMINA....

Le pregunté si quería que termináramos, y ella me respondió que sí. Le pedí A Catalina que lo pensara muy bien, porque yo no era de esos que terminaba y regresaba después, que si no estaba segura que lo pensara un día más. Yo tenía mucho miedo de enfrentar lo que estaba por venir.

Recuerdo que toda esa noche casi no pude dormir y le pedí a Dios que no permitiera que me llegara ese momento de tanta depresión. Me pareció increíble que, luego de iniciar una relación que no me interesaba, ahora me viera envuelto en un problema sentimental. Pues inicialmente yo no tuve la determinación para ser claro y detener esa relación, sin embargo, Catalina sí fue decidida para cortar con ese noviazgo.

Al día siguiente llegué a su casa y me dijo que definitivamente quería terminar, y que lo hacía porque quería tener más tiempo para Dios, pues sentía que la universidad la estaba apagando espiritualmente. Yo no pude hacer más que resignarme y aceptar la voluntad de Dios. Tomé algunas cosas que me pertenecían y los pedazos de mi corazón que sentía que se desmoronaba poco a poco.

Nunca imaginé que iba a caer en tremenda depresión. Solo pensaba que todo lo que comienza mal termina mal. Me fui a mi casa a llorar solo, y en medio del llanto le reprochaba a Dios el por qué permitía que viniera una depresión tan grande sobre mis sentimientos. Estaba tan triste que casi pierdo el sexto semestre en la universidad. No quería dibujar los planos ni hacer las maquetas, solo quería llorar y llorar. Lo único que me daba ánimo era ir a la iglesia a servir, pues eso me distraía. Me gustaba mucho cantar y saltar en los momentos de alabanza, pues entrar en la presencia de Dios me hacía olvidar de mis problemas. Lo difícil era cuando llegaba a mi casa, me sentía solo y todo me hacía recordarla, entonces llegaba nuevamente la tristeza, y comenzaba a llorar.

Lo más difícil llegó una semana después, cuando me enteré que la habían visto de la mano y besándose con un joven, que obviamente no era cristiano.

Me sentí engañado, confundido, y la depresión me tomó más fuerte. A veces me culpaba, porque Dios y yo sabíamos que desde un principio cometí muchos errores y ahora las estaba pagando caro.

Mi primer concierto en la iglesia estaba próximo. Con el grupo de músicos ya había montado varias canciones mías, pero de pronto empecé a sentir un conflicto con Dios, pues le reprochaba el dolor que sentía. Sabía que él tenía el control de todo y no entendía por qué me daba la oportunidad de presentarme en un concierto con el corazón destruido por una decepción amorosa.

Para mí era difícil pararme frente a un público y darle mensajes de ánimo a través de mis canciones, y por dentro estar tan mal. Pensaba en los jóvenes que esa noche nos visitarían por primera vez, en el testimonio de mi familia, y me daba cuenta que valía la pena estar influenciando muchas vidas para bien, pero cuando pensaba en mi corazón roto nuevamente venían las ganas de no hacer otra cosa más que llorar.

CUANDO NADA BUENO PASA ES PORQUE ALGO BUENO LLEGA

Era increíble pensar que Dios me quitaba algo que quería mucho, y al mismo tiempo me entregaba algo que anhelaba desde siempre. La responsabilidad de llevar a cabo el propósito de Dios en ese concierto fue lo que me dio las fuerzas y la responsabilidad de pararme en esa tarima y cantar con toda la pasión. En medio de mi falta de estabilidad emocional solo quería hacerle pasar una mala noche al diablo, ¡y creo que lo logramos! Una vez más Dios tuvo la victoria, y muchos jóvenes conocieron de su amor y su perdón.

Al final de ese concierto me encontré con Yoyita, la mamá de Linda y Vanessa, las amigas con las que salimos muchas veces durante las vacaciones del cambio de milenio.

Yoyita me dijo pronto iría a Estados Unidos a visitar al papá de sus hijas. Los padres de Vanessa y Linda estaban separados desde hacía más de diez años. Ella me comentó que Dios le había dicho que restauraría su hogar, aún después de tantos años de separación.

Me sorprendí con lo que ella me contaba y sé que el propósito de su comentario era que yo comprendiera que Dios podía actuar en medio de mi tristeza, ya que se había enterado de la ruptura de mi noviazgo con Catalina.

Le conté lo que había sucedido, y estaba sorprendida pues decía que mi noviazgo se veía muy fuerte. Obviamente lloré mientras le contaba, y ella se conmovía. Se dio cuenta que mi autoestima estaba muy mal, pues le confesé que me sentía el más feo del mundo, y que sentía que nadie volvería a amarme. Realmente estaba muy deprimido.

Ella se conmovió, y creo que por lástima y por hacerme sentir mejor, me dijo que cuando su hija Vanessa había estado compartiendo con todos en las vacaciones, le había dicho que yo era un hombre que valía la pena. Claro, yo no había mencionado algo que llamaba la atención, y era que Yoyita y sus dos hijas eran mujeres demasiado bonitas.

No podía creer lo que ella me contaba. Vanessa era una mujer muy bonita, y no podía imaginar qué había visto de bueno en mí como para decir eso. Esas palabras me ayudaron un poco en ese momento.

Cuando me despedí de Yoyita me regaló una foto de Vanessa, y me dijo que cada vez que el diablo viniera a decirme que yo era poca cosa, que mirara esa foto y recordara que alguna vez alguien había dicho que yo valía la pena.

Guardé esa foto donde Vanessa modelaba en una sesión fotográfica. Se veía espectacular. Y cada vez que el diablo atacaba mi autoestima, yo trataba de pensar en el concepto que Dios tiene de mí. La verdad es que mirar esa foto de Vanessa, que llevaba a todas partes guardada en mi maleta, me hacía sentir un poco mejor.

Luego del concierto los pastores de mi iglesia me pidieron que cantara en las reuniones del domingo en la mañana. Para mí era una gran oportunidad de mostrar mis canciones. Aunque mi corazón seguía triste, esa mañana me sentí muy feliz porque muchas más personas me conocerían y sabrían del talento que Dios me había regalado.

Luego de ese fin de semana, varias personas, incluidos pastores de mi iglesia, me dijeron que tenía gracia cuando cantaba, y otros me dijeron que tenía unción. Esas eran palabras muy respetables para mí, pues no me sentía listo para recibir esa clase de halagos, y menos en la situación emocional en la que me encontraba, pues me sentía débil, caído y cansado. Más adelante entendí que el poder de Dios se perfecciona en la debilidad.

De repente en la iglesia me volví popular, y aunque tenía cada vez más amigos, me sentía solo, ningún plan me gustaba, pues cuando uno está deprimido no quiere hacer nada. Mi situación era muy difícil pues todo me recordaba a mi ex novia, por eso era difícil olvidarla y no sentir dolor.

Una tarde mientras estaba en mi casa los tristes sentimientos me envolvieron pues se acercaba la época de navidad. Esto me deprimía aun más, pues en diciembre queremos estar con nuestros seres queridos. Esa tarde volví a pelear con Dios, pues le reprochaba que como él tenía el control de todo, si hubiera sido su voluntad, yo no estaría tan triste. Aunque interiormente me sentía culpable por haber empezado tan mal ese noviazgo. Ese día amenacé a Dios y le dije que si no me quitaba rápido esa depresión, lo que más había guardado para él, que era mi virginidad, la perdería con la primera mujer que se me cruzara…

A veces creemos que podemos tomar el control de las cosas y solucionar solos lo que nos ocurre. Creemos que otros refugios serán más efectivos que Dios mismo, y por eso tomamos paraguas distintos a él, y nos engañamos, pues cualquier paraguas que no sea Dios, solo nos traerá más lluvia y tormenta, pues nada cubre mejor que su amor y su verdad.

Esa tarde estaba desesperado por el dolor que sentía. Quería que Dios me sanara y él no lo hacía. Salí a buscar una mujer, pues pensaba que una experiencia fuerte, que nunca antes había tenido, me haría olvidar a mi ex novia y sacármela del corazón de una vez por todas.

Quise tomar la situación por mi propia cuenta y salí de mi casa como oveja al matadero, engañándome a mí mismo, con una venda en los ojos. En mi corazón tenía la intención de acostarme con una mujer. Recordaba el pacto de santidad que había hecho con Dios, pero sentía que yo no le importaba a él... ¡Qué equivocado estaba! Esa situación me estaba haciendo perder las cosas más valiosas que le había entregado a Dios.

Esa tarde mientras caminaba comencé a percibir que Dios se entristecía con mi actitud. Empecé a sentirme más solo que nunca. Avanzar hacia el pecado es darle la espalda a Dios, así como avanzar hacia Dios es darle la espalda al pecado. El sentirme solo, sin Dios, y pensar que estaba entristeciendo a Dios con mi rebeldía, me hizo sentir que estaba más que equivocado. Comencé a tener una tristeza aun más profunda que la del desamor, un vacío que nunca había tenido. Temía que Dios me abandonara.

Un buen amigo del grupo de la iglesia me contó que se iba de vacaciones a Cartagena, una ciudad muy linda de Colombia, en la costa Caribe, que además es uno de los destinos turísticos más visitados por extranjeros, pues tiene playas e islas muy exóticas. Le dije a mi amigo Carlos que algún día me gustaría conocer el mar, y él me dijo que me invitaba, que sus papás tenían familia allí y que me podrían abrir espacio en el carro y en la casa donde se quedarían. Me puse feliz con esta invitación, pues quería conocer el mar, pero sobre todo deseaba irme de Bogotá. Yo sabía que en navidad me iba a deprimir mucho, y si pasaba las fiestas de fin de año en un lugar que no conocía, eso me ayudaría a distraerme y a olvidarme de todo.

Así que acepté la invitación, ya que para una familia como la mía era un lujo ir a Cartagena, y entonces comencé a empacar maletas. Además de todo lo bueno que significaba estar por primera vez en ese sitio turístico, había probabilidades de que allí pudiera encontrarme con mi primera novia, Natalia. Dios conocía mi corazón y mis intenciones. Si veía a Natalia, esta vez quizás podíamos tener relaciones y así me olvidaría de Catalina.

No hay nada oculto para Dios, él conoce lo más íntimo de nuestros pensamientos, aun antes de que estén en nuestra mente o corazón.

A CARTAGENA FUI POR LANA Y SALÍ TRASQUILADO

Sabía que Cartagena estaba lejos de Bogotá, pero nunca imaginé que el viaje se me haría eterno. Llegué de madrugada a la casa de mi amigo Carlos, esa mañana conocí a la familia de mi amigo. Viajamos en un carro muy pequeñito, que además era cupé, o sea que solo tenía dos puertas.

En la parte de adelante iba el papá de Carlos manejando y su mamá como copiloto. Atrás, al lado de una de las ventanas, iba el hermano de Carlos y en la otra ventana estaba Carlos. Yo iba en el medio de los dos, pero había un sexto integrante dentro de ese carrito: la mascota de la familia. Un perrito muy inquieto.

Las maletas de todos iban sobre del techo del carro y en el baúl. Pero… nada me importaba, aunque era un poco incómodo, estaba muy emocionado y con muchas expectativas. Este viaje cambiaría para siempre mi vida.

Salimos de Bogotá a las 4 de la madrugada. A lo largo del viaje el perrito se ponía cada vez más inquieto. Se movía de un lado a otro, comenzó a desesperarse y empezó a babearme. Yo no sabía cómo quitarme el perro de encima y esperaba que todos estuvieran dormidos para empujarlo al piso del carro, pero se volvía a trepar y seguía babeándome. En este viaje aprendí que los perros sudan por la lengua y era lógico que sudara mucho, pues el carro no tenía aire acondicionado. A veces le pedía al papá de Carlos que detuviera el auto, pues me sentía ahogado y mareado.

Finalmente llegamos a tierra caliente, Cartagena, a las 6 de la mañana del día siguiente. El viaje fue de 26 horas por carretera. Recuerdo paisajes muy hermosos de mi país que nunca pensé ver. Obviamente llegamos muy cansados y con sueño. Yo miraba por todas partes a ver si veía el mar, pero no lo veía por ningún lado. Le pregunté a Carlos si él sabía dónde estaba y me respondió que estaba a una hora de allí. Me propuso que descansáramos, y que por la tarde fuéramos a conocer el mar.

Apenas desperté llamé a Carlos y le dije que me moría de ganas por conocer el mar. Así que nos alistamos y salimos a la calle. El barrio era sencillo, aunque lo que yo me esperaba eran los mega edificios a la orilla del mar. Salimos a una esquina a esperar un autobus, pues el papá de Carlos no le prestaba el carro, y subimos a uno en el que se escuchaba a todo volumen música champeta (estilo musical del folklore de esta zona del país, parecido al reggaetón). Los minutos pasaban y ese autobus recorrió todos los barrios de Cartagena hasta que por fin llegó a la zona costera. Por primera vez vi el mar, imponente, espectacular y romántico. En ese momento un sentimiento de nostalgia me invadió. Nos bajamos del autobus y me detuve frente al mar. De repente me salieron lágrimas de los ojos, pues pensé que hubiera sido bonito ver ese cuadro por primera vez con mi ex novia. Ese día le dije a Dios de todo corazón que quería volver a ese mismo lugar donde conocí el mar por primera vez, pero con el amor de mi vida, solo Dios sabría quién sería.

Estar en la playa produce mucho calor, más si estás vestido en Cartagena como te vistes en Bogotá, que es tierra fría, y aún más si tienes los complejos que yo tenía. En ese entonces era bastante delgado, y para verme un poco más gordito usaba la ropa ancha. Además me ponía tres camisetas para verme acuerpado y me ponía dos pantalonetas por debajo del pantalón para verme más rellenito…

Esto era un reflejo de que no estaba conforme con mi cuerpo, y ser delgado me producía baja estima. En Cartagena, la mayoría de la gente exhibe con orgullo su cuerpo trabajado y tonificado del gimnasio… y yo estaba muy lejos de eso y con un calor desesperante.

Poco a poco tuve que dejar los complejos a un lado para sentirme más fresco, porque el calor no dejaba de molestarme. Para ese entonces también tenía el pelo un poco largo, mechudo, y muy grueso. Con el viento a la orilla del mar se me volvía inmanejable. Parecía que mi viaje no arrancaba bien, pero estaba impactado con Cartagena y su ciudad amurallada.

Al día siguiente me propuse encontrar a mi primera novia, así que fui con Carlos a buscarla a una dirección que hacía muchos años ella me había dado cuando me llamó para decirme que se iba a vivir a Cartagena, por si algún día quería buscarla, y ese día había llegado.

Así fue como encontré la dirección del edificio donde ella vivía. Se demoró en bajar a la recepción, se me hizo raro que no nos hiciera subir a su departamento, hacía varios años que no la veía. Cuando bajó, me lancé con alegría a darle un abrazo, pero ella fue muy cortante y se portó de una forma muy extraña. Nos recibió en una sala de la recepción y comenzamos a hablar de los últimos años de la vida de cada uno.

Yo trataba de coquetearle, pero ella cada vez estaba más distante, hasta que nos contó que hacía un año se había casado y que su esposo estaba en el departamento y quería presentárnoslo.

Mis planes poco espirituales se habían frustrado. Me sorprendía la forma en que Dios me cuidaba, pues yo estaba dispuesto a todo en Cartagena, y por lo menos, por el lado de Natalia, las cosas no iban a prosperar pues yo no me iba a meter en un matrimonio.

Así fue como los días siguientes me propuse salir a conseguir amigas y a conquistar alguna mujer. Lo malo es que no contaba con mi delgadez y mi baja estima, pues en Cartagena los hombres que estaban en las playas tenían unos cuerpos formados en gimnasios, y eso le llamaba la atención a las mujeres, mientras que ¡yo solo llamaba la atención porque mi piel era la más blanca de la playa! A esto sumale mi pelo despeinado por el viento. Parecía una palmera blanca con el cabello mechudo. Con el tiempo las cosas se pusieron peor. El calor me hacía sudar mucho, y debido al sudor comenzó a brotarse mi cara y a salirme unos granos inmensos. ¡O sea que a la palmera ahora le habían salido cocos! Jajajá.

Mis planes en Cartagena eran de sol, arena y playa, pero los planes de Dios para mí eran de sol y de arena en un desierto. Pensé encontrarme con mujeres para conquistarlas, pero de pronto me encontré solo con un Dios que quería conquistarme a mí.

Para este momento ya estaba sospechando que Dios había inventado todo ese viaje para estar a solas conmigo… y lo estaba logrando. Volví a conmoverme que él me demostrara que le importaba tanto que me apartó para estar solo con él, sanar mis heridas y hablarme claramente al corazón. Fue hermoso comenzar una nueva relación con Dios de esta forma. Ahora sé que él permitió la ruptura de mi relación para probarme. Dios pasó mi corazón y mi cristianismo por el fuego, y todo se quemó.

Hacía diez años que estaba en la iglesia, sirviéndole, guardándome, pero no conociéndolo cara a cara, como ocurrió en Cartagena. La fidelidad de Dios es tan grande que al otro lado del horno por el que pasó mi corazón no salió nada, porque no había nada bueno en él, sino solo su fidelidad.

El oro se refina en el fuego, así se queman todas las impurezas. Mi cristianismo se quemó todo, y el único oro que salió al otro lado fue su amor, su consuelo y su perdón. Le pedí perdón a Dios porque él sabía las intenciones con las que viajé a Cartagena, y pude sentir no solo su misericordia, sino también su consuelo y su paz.

Fui tentado, pero de no haber sido que Dios me protegió y me guardó, lo más seguro es que hubiera caído, porque si hubiera sido por mí, me hubiera equivocado con mi virginidad hace mucho tiempo.

Dios se empezó a revelar a mi vida de una manera extraordinaria a raíz de esta decepción amorosa. Sabía que en esos momentos de lluvia y de tormenta por los que estaba pasando solo me quedaba mi Dios como un refugio y como un paraguas. Terminaba cada día postrado frente a la presencia de Dios luego de que me tomaba la depresión, y además de orar comencé a leer la Biblia buscando un consuelo más específico. Alguien me recomendó leer el libro de Job, pues fue una persona que sufrió bastante y como testimonio dejó muchas enseñanzas para que las usáramos en momentos difíciles. Una de las primeras frases que me llegaron al corazón de este libro están en Job 1:21 que dice: «El Señor ha dado; el Señor ha quitado. ¡Bendito sea el nombre del Señor!». Este versículo me impactó porque me hizo pensar que cuando nos va bien alabamos a Dios y le agradecemos, pero cuando nos va mal entonces le reprochamos y lo culpamos por lo malo que nos sucede. Así fue como en Cartagena comencé a leer la Biblia con otra perspectiva y empecé a conocer a Dios luego de tantos años de estar junto a él.

CAPÍTULO 10

VOLVER A BOGOTÁ Y A LA FAMILIA

Después de un mes y medio en Cartagena estaba listo para volver a Bogotá. Ya casi tenía que regresar a la universidad y extrañaba mucho dormir en mi cama, y sobre todo ver a mi familia. Tenía pereza del regreso por tierra, solo pensar que debía meterme en ese carro por más de 24 horas me daba dolor de cabeza, pero debía hacer mi último esfuerzo para retomar mi vida normal.

Nunca olvidaré ese viaje. La familia de Carlos no se imaginó cómo los usó Dios para comenzar a restaurar mi corazón y hacerme una nueva persona. Aprovecho para agradecerles por esas vacaciones inolvidables.

El libro de Job me ayudó mucho en mi proceso de restauración. Creo que es importante tomar un tiempito para describir detalladamente de qué forma ocurrió esto.

Veámoslo a continuación, espero que te sirva si estás pasando por un mal momento en tu corazón o en otras áreas de tu vida.

PROCESO DE RESTAURACIÓN TOMANDO LA VIDA DE JOB COMO EJEMPLO

1. BENDECIR A DIOS EN TODO TIEMPO.

Bendecir a Dios significa alabarlo, adorarlo, amarlo y seguirlo, no por lo que nos da sino por lo que él es. Cuando algo malo nos pasa entonces le reprochamos y lo culpamos. Con este tipo de actitudes solo le demostramos a Dios lo interesados que somos. A él no lo podemos engañar. El texto de Job 1:21-22 dice: «Entonces dijo: "Desnudo salí del vientre de mi madre, y desnudo he de partir. El Señor ha dado; el Señor ha quitado. ¡Bendito sea el nombre del Señor!". A pesar de todo esto, Job no pecó ni le echó la culpa a Dios».

2. RECONOCER QUÉ PREDICAMOS Y NO APLICAMOS.

Muchas veces queremos ser héroes que salvamos al mundo entero, mientras nosotros mismos estamos perdidos. Reconocer este tipo de actitudes nos lleva a tomar el evangelio en serio y de forma responsable. En Job 4:3-5 dice: «Tú, que impartías instrucción a las multitudes y fortalecías las manos decaídas; tú, que con tus palabras sostenías a los que tropezaban y fortalecías las rodillas que flaqueaban; ¡ahora que afrontas las calamidades, no las resistes!; ¡te ves golpeado y te desanimas!».

3. TENER PACIENCIA.

Algunas personas se quedan en medio de la prueba porque claudican en la espera, pierden la fe y esto los lleva a la derrota total. La lluvia pasa y luego se asoma el sol por la ventana. La paciencia moldea nuestra fe y nuestro carácter. Las pruebas desnudan nuestros defectos pero fortalecen nuestras cualidades. Job 7:4 dice: «Me acuesto y pienso: "¿Cuánto falta para que amanezca?" La noche se me hace interminable; me doy vueltas en la cama hasta el amanecer».

4. CREER EN LA PROMESA Y VIVIR LA CONDICIÓN.

No hay nada más espectacular en medio de la prueba que escuchar la voz de Dios y saber que estamos junto a él. En medio de las dificultades Dios promete ayudarnos y nos anima a seguir adelante a través de sus promesas, pero no hay promesas sin condición. Debemos esforzarnos para llegar a lo que Dios nos promete.

En Job 22:21-28 encotramos estas palabras: «Sométete a Dios; ponte en paz con él, y volverá a ti la prosperidad. Acepta la enseñanza que mana de su boca; ¡grábate sus palabras en el corazón! Si te vuelves al Todopoderoso y alejas de tu casa la maldad, serás del todo restaurado; si tu oro refinado lo arrojas por el suelo, entre rocas y cañadas, tendrás por oro al Todopoderoso y será él para ti como plata refinada. En el Todopoderoso te deleitarás; ante Dios levantarás tu rostro. Cuando ores, él te escuchará y tú le cumplirás tus votos. Tendrás éxito en todo lo que emprendas y en tus caminos brillará la luz».

5. CREER QUE ÉL ESTÁ AHÍ, AUNQUE NO LO SIENTAS.

Algunas veces sentimos como si Dios ya no estuviera a nuestro lado, como si nos hubiera abandonado. Pasan los días, los meses, los años y Dios no actúa, pero siempre estará a nuestro lado. Confía y persevera, permite que Dios haga su trabajo y se tome su tiempo para moldear tu corazón. Entonces, al final, verás la bella obra de sus manos. En muchos capítulos del libro de Job vemos que él le hablaba, y Dios guardaba silencio y lo escuchaba.

6. RECONOCER QUE DIOS ES DIOS.

Cuando nos encontramos cara a cara con Dios es cuando realmente lo conocemos y entonces entendemos que él es soberano e incuestionable. Como dice mi pastor Darío Silva Silva: «Él es el gran quien sabe». El temor a Dios es el principio de la sabiduría. Debemos darle a él el lugar que le corresponde. Ver Job 38 y 39.

7. NO VIVIR RELIGIOSAMENTE, SINO CONVERTIRNOS VERDADERAMENTE.

Evalua si realmente conoces a Dios o si has vivido a medias junto a él. Debemos ser honestos con nosotros mismos. Esto nos llevará a cortar las cadenas de la ignorancia, del conformismo y de la religiosidad, y nos guiará a la libertad de verle y conocerle realmente. Job 42:5 dice: «De oídas había oído hablar de ti, pero ahora te veo con mis propios ojos».

8. ORAR POR LAS NECESIDADES DE LOS DEMÁS.

Debemos interceder, no ser egoístas y pensar solo en nosotros. Ese ejemplo lo vimos en Jesús. Debemos morir a nuestras necesidades, a nuestro propio beneficio y buscar amar al prójimo y actuar a favor de los necesitados. En Job 42:10 encontramos estas palabras: «Después de haber orado Job por sus amigos...».

9. VIVIR NO SOLO LA RESTAURACIÓN SINO LA BENDICIÓN.

No debemos olvidarnos de lo que aprendimos para no volver a pasar por la misma prueba. Tenemos que darle toda la gloria a Dios, pues si no fuera por su gracia seguiríamos perdidos, tristes y sin esperanza. «El Señor lo hizo prosperar de nuevo y le dio dos veces más de lo que antes tenía» (Job 42:10).

En febrero de 2001 entré al último semestre de mi carrera profesional. Tenía que hacer mi proyecto de grado para que luego de ser aprobado hiciera mi tesis y me graduara como arquitecto. Así que me concentré en mis estudios y en mi relación con Dios. Nunca dejé de lado mi servicio en la iglesia, y continué con todo esto en mi vida.

A mediados de ese semestre sentía mi corazón sano. Hacía meses que no lloraba y esto me hacía estar súper agradecido con Dios. Cada día me enamoraba más de él por haberme sacado de ese malestar sentimental. Recuerdo que por más que estuviera solo la pasaba bien con Dios. A veces iba al cine solo, salía a comer solo y aprendí a bastarme con su amor. Por más que tenía amigos en la iglesia y a veces salía con ellos, la verdad es que si estaba solo no me importaba, porque sabía que Dios estaba conmigo. Eso era suficiente para sentirme totalmente acompañado. Comencé a pensar en el reino de Dios y en lo importante que sería armar una banda cristiana que pudiera llevarle esperanza a los jóvenes que necesitan una respuesta y una salida para sus problemas, pero la universidad casi no me daba tiempo para esto, así que tenía que esperar las vacaciones.

CAPÍTULO 11
SANO Y CON ESPERANZAS

Hacia el mes de abril, como todos los viernes, me dirigía a la iglesia al grupo de jóvenes. Tenía que llegar temprano porque los que colaborábamos en algún área debíamos llegar antes que los demás para orar.

Al llegar me encontré con Yoyita, la madre de Vanessa y pensé: *¿No se había ido a los Estados Unidos para reconciliarse con el padre de Vanessa? ¿Será que Vanessa está con ella?*.

Mi corazón empezó a latir de una manera impresionante, pues la última vez que la había visto me había dicho que se iba para siempre, y recuerdas que me regaló la foto de su hija. Volver a verla significaba que no se había ido para siempre y que todavía habría opción de volver a ver a Vanessa.

Saludé a Yoyita y la abracé muy fuerte. Estaba tan emocionado que ella me preguntó por qué mi corazón estaba tan exaltado. Me dio vergüenza que lo notara, y le dije que estaba feliz de volver a verla. Le pregunté cómo le había ido con su ex esposo, y noté una expresión de desilusión en su cara. Me dijo que no había sido fácil y que las cosas no habían funcionado. Ella me preguntó cómo seguía yo. Le dije que ya estaba súper bien, que Dios me había sanado, que había sido un proceso largo y difícil, pero que ahora estaba muy bien y concentrado en mi carrera. Me preguntó por mi ex novia y le dije que nunca más la había visto. También me contó que luego de haber vendido todas sus cosas estaba nuevamente buscando dónde vivir. Me pareció triste que las cosas con su ex esposo no funcionaran pero en el fondo me daba alegría el saber que Yoyita regresaba a vivir a Colombia. Esto significaba que algún día volvería a ver a Vanessa. Desde ese momento nació una ilusión, solo que ya había aprendido a guardar mi corazón y a manejar sabiamente mis emociones y sentimientos.

Tenía un amigo que me animaba mucho a armar una buena banda cristiana. Muchas veces intenté tener una que durara mucho tiempo, pero era muy difícil. Traté de consolidar algun grupo en mi iglesia, pero con el tiempo se desbarataban porque algunos se desanimaban, otros no perseveraban, y unos pocos se alejaban del cristianismo.

En fin, desde hacía 10 años soñaba con un grupo musical. Desde la iglesia infantil hasta este momento había tenido cuatro bandas que por algunos de los motivos anteriores se habían disuelto. Siempre terminaba solo con mi guitarra y mis canciones.

Volver a armar una banda me daba pereza, pero un viejo amigo de la primera banda me decía que mi música era diferente, y que de pronto Dios tenía planes conmigo en ese área. También me dijo que me podía contactar con buenos músicos cristianos.

En ese momento yo hubiera querido contar con los de mi iglesia, pero desafortunadamente ellos siempre estaban ocupados. Su prioridad en el servicio a Dios era su ministerio de alabanza. Hablé con mis pastores de jóvenes y les pregunté cómo veían el hecho que yo armara una banda con músicos de otras iglesias. Ellos me dijeron que lo más importante era que el propósito de Dios fuera lo más esencial.

Con el respaldo de mis líderes le seguí la onda a mi amigo. En ocasiones, mientras mi universidad me lo permitía, iba a ver a algunos músicos de otras iglesias. Algunos me parecían buenos pero muy orgullosos. Otros me parecían humildes, pero no muy buenos. Había algunos muy buenos músicos, pero no daban buen testimonio. Pero otros… eran muy buenos y se esforzaban por agradar a Dios, a pesar de que nadie es perfecto ni santo.

Al finalizar el último semestre de mi carrera estaba muy feliz. Me había ido muy bien. Me dijeron que podía continuar con mi proyecto de grado para convertirlo en mi tesis y graduarme pronto. Por el momento quería dormir varios días después de haber trasnochado mucho, y no quería pensar en nada sino solo en descansar.

Una tarde, la mamá de Vanessa me llamó por teléfono y me pidió que le dijera a mi padre si podía ir al aeropuerto a recoger a Vanessa que llegaba de vacaciones a visitar a su familia. Ella había vendido todas sus cosas, incluido su carro, antes de irse a Estados Unidos, por lo cual estaba necesitando este favor. Yo me puse muy feliz y le dije que contara con nuestra ayuda. No le dije nada a mi padre, sino que le ordené tener lista la camioneta para el día siguiente.

En ese tiempo yo estaba aprendiendo a manejar, pero no me sentía seguro para ir solo en la camioneta, y mi padre mucho menos, así que no me la soltaba, y finalmente me acompañó.

Ese día me puse la mejor ropa que tenía y me arreglé como mejor pude. Antes de llegar al aeropuerto pasamos a recoger a Yoyita, una vez que llegamos al aeropuerto la presenté a mi papá. Unas amigas de Vanessa también la estaban esperando. Eso me dio pena y rabia, pues yo quería ser el único que la recibiera, pero bueno...

De pronto salió Vanessa, ¡wow! ¡Qué obra de Dios tan perfecta! Ella es una rubia delgada que mide como un metro setenta y siete, y que tiene pura pinta de modelo. Tenía unas gafas oscuras que escondían sus hermosos ojos verdes. Estaba más nervioso que nunca. Recordaba aquella ocasión cuando estaba deprimido y Yoyita me contó que Vanessa había dicho que yo era un hombre que valía la pena, y recordaba esa foto que siempre llevaba en mi maleta.

Pero, Dios mío... Vanessa es mucho más linda en persona que en foto. Tenía que ser muy fuerte y tener dominio propio porque casi se me sale el corazón. Esta ilusión no duró mucho tiempo, pues apenas nos saludamos y nos dimos un abrazo discreto, lo primero que Vanessa me dijo fue que «no le hiciera caso a lo que alguna vez su madre me había contado, que no le parecía bien que me haya contado eso». Yo quedé ¡plop! Lo primero que le dije fue que no se preocupara, que yo no le había hecho caso a ese comentario, y demostré poco interés en el tema, pero por dentro me dio rabia de que me estuviera haciendo ilusiones con ella, pues parecía una mujer imposible de alcanzar. Éramos dos personas muy distintas.

Yo venía de un hogar sencillo, había nacido en Colombia y no tenía mucho que ofrecerle a una mujer, pues apenas tenía en el bolsillo el dinero del autobús, recién me iba a graduar como profesional y además no tenía visa americana. Ella en cambio había nacido en Chicago, en ese momento vivía en Boca Ratón, Florida, y estaba a mitad de su carrera que cursaba en otro idioma. En fin, veníamos de hogares muy distintos y lo único que teníamos en común era el amor a Dios.

Esa tarde llevamos a Vanessa a la casa de su abuela, pues allí se estaba quedando su madre mientras conseguía una casa. Mi padre me preguntó si me quedaba allí o me iba de regreso con él, ya que tenía cosas que hacer. Yo moría por quedarme, pero como de entrada Vanessa había sido dura conmigo, pensé en irme, pero Yoyita insistió en que me quedara.

Finalmente me quedé en la casa de la abuela hasta la noche. Me sentía un poco incómodo porque las amigas también estaban allí y no se iban, por lo cual yo no tenía oportunidad para compartir tiempo con Vanessa. Pero llegada la noche las amigas se fueron y comenzamos a hablar.

Lo primero que pidió fue que le contara qué había pasado con mi ex novia. Ella no podía creer que luego de ver cómo ella servía a Dios, se hubiera alejado tan de repente y nunca más haya regresado a la iglesia. Le conté todo lo que había sucedido, pero le relaté además cómo había sido mi proceso de restauración. Esa noche hablamos como hasta las tres de la madrugada...

CAPÍTULO 12

NACE UNA NUEVA ILUSIÓN

Al siguiente viernes en el grupo de jóvenes, yo estaba a la espera de Vanessa, pero nunca llegó porque estaba visitando a su familia. A la semana siguiente Yoyita me llamó y me pidió si por favor podía pasar a buscar a Vanessa y acompañarla al odontólogo. Ella estaba ocupada y su hija casi no conocía la ciudad. Por supuesto le dije que sí.

El día que iba a recogerla me ilusioné mucho por acompañarla y compartir tiempo a solas con ella. Pero me sorprendí cuando llegué a la casa de su abuela y me dijo que su primo también vendría con nosotros. Eso me dejaba en claro que Vanessa no quería estar a solas conmigo, y que tal vez yo no le interesaba. Me relajé y tomé las cosas como amigos, como solía ser en el pasado, cuando salíamos a ver las luces de Navidad en la ciudad.

Gracias a Dios había aprendido a guardar mi corazón por encima de todo, y a entregárselo solamente a Dios, pues en mejores manos no podía estar. Dios sabía a quién se lo entregaría en cuanto al amor se refería.

Ese día, luego de ir al odontólogo Vanessa nos invitó a su primo y a mí a comer, y la pasábamos bien. El primo de Vanessa siempre me cayó muy bien, desde un principio.

Todos los domingos veía a Vanessa en la iglesia, y los viernes en el grupo de jóvenes. Un domingo luego de la reunión, algunos jóvenes estábamos planeando ir a un concierto de Marcos Witt en Bucaramanga, una ciudad de Colombia. Estábamos buscando donde podíamos quedarnos a dormir para economizar gastos. Varios jóvenes se unieron al plan, entre ellos, Vanessa. Nos dijo que cuando compró el boleto de Miami a Bogotá le dijeron que si pagaba un dinero extra le regalaban un boleto ida y vuelta dentro de Colombia. Ella estaba planeando ir a la costa colombiana con su madre, pero no tenía tiempo para ir pues estaba ocupada en volver a establecerse en Bogotá. Por lo tanto quería usar ese boleto de avión para ir con todos nosotros al concierto en Bucaramanga. Todos le dijimos que estaba bien pero que ella sería la única que viajaría en avión, pues los demás iríamos por tierra, lo cual era un poco pesado (el viaje duraba como siete u ocho horas). Igualmente yo pensaba que no importaba el esfuerzo pues se me alegró el panorama al escuchar a Vanessa tan animada por unirse al grupo. Así fue que viajamos todos en autobús hacia Bucaramanga, incluida una prima de ella con la que yo hablaba mucho, ya que quería saber más sobre Vanessa.

El viaje duró toda una noche, así que llegamos al aeropuerto con cara de sueño y algo despeinados. Luego de recoger a Vanessa nos fuimos a la iglesia *Casa sobre la Roca* de Bucaramanga. Saludamos al pastor y coordinamos con los jóvenes que nos iban a hospedar en sus casas por esa noche. Luego fuimos a comprar los tickets para el concierto y de ahí a formar fila para entrar al estadio.

A Bucaramanga la llaman «la ciudad bonita» porque hay sol constantemente y tiene muchos árboles, y como siempre, yo padecía de muchísimo calor. Recuerda que usaba tres camisetas y dos pantalonetas debajo del pantalón, para verme mas gordito, pero lo que me ayudó mientras hacíamos la fila fue que se empezó a nublar y de pronto comenzó a llover y a llover… cada vez más fuerte. Todos gritábamos para que abrieran las puertas para entrar y no nos mojáramos, pero esto no ocurrió por un rato largo y entonces nos tocó mojarnos.

Vanessa no se quería mojar porque se le dañaría su peinado, así que me quité una de las dos camisetas para que se tapara pero fue en vano, pues nos mojamos absolutamente todo lo que teníamos puesto.

En un momento las puertas de estadio se abrieron y todo el mundo salió corriendo sin respetar filas, nosotros también. No sé por qué tomé de la mano a Vanessa y empezamos a correr con todos nuestros amigos. Corrimos y corrimos, porque todos corrían, porque «adonde va Vicente… va la gente».

Lo curioso fue que apenas llegamos a un buen lugar dentro del estadio donde podríamos ver bien el concierto, nos detuvimos, pero Vanessa y yo seguíamos de la mano. Ella no me soltaba. Al rato ella me soltó la mano, pero yo quedé feliz.

Marcos Witt salió a escena y el concierto comenzó. Fue muy bueno estar ahí, yo soñaba algún día estar tocando en ese estadio con la gente cantando mis canciones, y por sobre todo ayudar a que otros conocieran a Jesús y sintieran su amor.

Disfruté al máximo ese concierto, me sabía casi todas las canciones, es que no hay nada mejor que pasar un buen rato con música pero dejándole una buena experiencia a tu espíritu. Hubo un momento muy especial en el que Marcos pidió que tomáramos de la mano a algún amigo o familiar y que le dijéramos que le dábamos gracias a Dios por su vida. Imagínate que yo tomé a Vanessa de la mano, la miré a sus bellos ojos verdes, y nos dijimos mutuamente: «Gracias a Dios por tu vida». Luego debíamos orar por esa persona y eso fue lo que hicimos.

En ese momento y durante todo el concierto, el amor de Dios se movió de una manera espectacular. Salí de allí más enamorado de Dios, pero también de Vanessa… jajajá. Lo bueno fue que Marcos dijo que tomáramos de la mano a una persona, pero nunca dijo que la soltásemos. Por supuesto yo fui muy obediente y no solté su mano, pero ella tampoco lo hizo. Yo no podía creer que ella no me soltara hasta que acabó el concierto.

Mi corazón quería estallar de felicidad pues Vanessa me estaba demostrando que yo le interesaba. Esa noche al salir del estadio nos fuimos a comer. De la felicidad no me di cuenta en qué momento se secó la ropa que tenía puesta. Esa noche la mayoría de nosotros nos quedamos a dormir en la casa de una familia de la iglesia. Los hombres dormimos en unas colchonetas en la sala de la casa y las mujeres durmieron en el segundo piso, en las camas de los cuartos. Dormí con una sonrisa en mi cara, estaba muy cansado por el viaje en autobús, pero estaba feliz por lo que había sucedido en el concierto.

Al día siguiente nos invitaron a todos a una finca donde había una piscina para los que querían disfrutar. Yo no veía la hora de volver a ver a Vanessa. Ese día hizo mucho calor y yo estaba como siempre con mis camisetas y mis pantalonetas. La finca era súper bonita, estaba en medio de montañas verdes y tenía una piscina que parecía decir «métete». Todos los jóvenes estaban felices y no esperaron para ponerse el traje de baño y saltar a la piscina, entre ellos Vanessa. Yo, del complejo que tenía, no fui capaz de cambiarme pues pensaba que si Vanessa me veía tan flaquito se iba a desilusionar de mí, y no estaba dispuesto a echar a perder lo poco que había avanzado con ella.

No tuve otra que quitarme los zapatos y meter al menos mis pies en la piscina, pues el calor era muy fuerte. De pronto vi a Vanessa en traje de baño que se metía a la piscina. Al ver su cabello rubio, su cuerpo bronceado (pues venía de Miami) y sus ojos más verdes que nunca por el reflejo del sol en el agua y del verde de las montañas, pensé: «¡Wow! Qué mujer tan espectacular».

Vanessa se me acercó y me preguntó por qué no me metía a la piscina. Yo, con las gotas de sudor en la frente le respondí que no me gustaba nadar, aunque por dentro me moría de la ganas de meterme. Ella me dijo que era extraño pues todos estaban felices dentro de la piscina y yo me las daba del chico diferente. De pronto, luego de un rato, me insistió que me metiera. Volví a decirle que no, entonces dijo en voz alta:

— **No sé qué me pasa.**

— **¿De qué hablas?, —le pregunté.**

— **No me hagas caso, —dijo.**

— **¿A qué te refieres?, —Insistí.**

— **Yo me veo casada contigo...**

Pasaron muchos segundos en los que hice silencio. Quedé en shock. No podía creer lo que estaba escuchando. Solo miré al cielo, sentí que se me detuvo el tiempo, y estrellé mi mirada con Dios. Recordé que en medio de mi depresión muchas veces Dios me había dicho que confiara en él, que sabía lo que estaba haciendo. Dios tenía todo bajo control. Muchas veces nos movemos por lo que ven nuestros miopes ojos naturales, y no confiamos en que Dios está actuando aunque no lo sintamos y la situación sea adversa.

En ese momento, mientras pensaba todo esto, sentí que Dios me daba una lección muy grande para toda mi vida. Él obra en maneras que no podemos entender. Algo me quedó claro para siempre y es que Dios no quiere que lo entendamos sino que simplemente lo amemos, pues nuestra naturaleza humana y nuestro cerebro jamás podrán entender a nuestro Dios espiritual. Solamente debemos creerle, servirle y amarlo.

Luego bajé mi mirada a la tierra y me estrellé de nuevo con los ojos de Vanessa, entonces era ella la que me preguntó qué me pasaba. Le dije que no se imaginaba lo que Dios estaba haciendo en ese preciso momento en mi alma y en mi espíritu.

La siguiente pregunta fue: «¿En qué ministerio estás sirviendo en la iglesia?». Ella me respondió que en todos: en la iglesia infantil, en los ujieres y en la alabanza, porque como la *Iglesia Casa sobre la Roca* llevaba apenas seis meses en la ciudad de Miami había mucho por hacer, y ella ayudaba en todo lo que podía. Esa respuesta me gustó. Luego pregunté: «¿Eres bautizada?». Ella me dijo que sí, que se había bautizado hacía muchos años atrás. Si estaba cursando el estudio bíblico fue otra de mis preguntas, a lo cual me respondió que sí, que estaba en el segundo semestre. Entonces me dijo, un poco molesta, si estaba haciéndole una entrevista o dudaba de su madurez espiritual. Ahí me di cuenta que estaba perdiendo el romanticismo del momento y cambié la conversación. A estas alturas de mi vida no quería volver a enamorarme de alguien que no fuera lo suficientemente madura en todo nivel, pues no iba a exponer mi corazón nuevamente, y ya no tenía edad para jugar a los enamorados.

Esa tarde hablamos sobre muchísimas cosas, entre ellas cómo sería tener un noviazgo a la distancia.

EL SUEÑO HECHO REALIDAD

Luego volvimos a Bogotá, cada uno por su lado. Era increíble cómo el amor crecía día tras día… hasta el día de hoy. Hablábamos de que la decisión de ser novios tenía que estar dirigida por Dios, pues no podíamos equivocarnos y exponer nuestro corazón. Por todo esto, oramos mucho juntos y cada uno por su lado, pidiéndole a Dios sabiduría y paciencia. Sin embargo, teníamos la presión de saber que en quince días ella regresaría a los Estados Unidos, por lo cual si tomábamos rápido la decisión podríamos compartir más tiempo juntos como novios, pero debíamos ser sabios. Aparte de esta presión del tiempo, como me había ido muy bien en mi proyecto de grado debía meterme de lleno en continuar para presentarlo como tesis y graduarme como Arquitecto pronto. Pero si me encerraba a estudiar no podía compartir tiempo con Vanessa esos pocos días. ¡Qué encrucijada entre el amor de mi vida y el estudio!

Una de las cosas que me hacía sentir seguro de ponerme de novio con Vanessa era saber que yo no estaba buscando novia. No tuve que esforzarme para llamar su atención sino que Dios me la dio de una manera sencilla, tranquila y sin presiones.

Al momento de decidir darle otra oportunidad a mi corazón en cuestiones del amor sentí un respaldo de parte de Dios, él sabía que con mis fuerzas no podía ganarme a una mujer así. Estaba seguro de que ella era un verdadero regalo de Dios.

Algunos jóvenes me preguntan cómo hacer para encontrar al amor de su vida y mi respuesta es: Primero que todo no lo busquen, sino déjense encontrar por él. Dios tiene un amor preparado para cada uno. Lo que sí debemos hacer es no olvidarnos de buscar el Reino de Dios en primer lugar. Eso fue lo que yo hice. Vanessa llegó a mi vida en un momento en el que yo estaba totalmente concentrado en servir a Dios. Recuerda que estaba tratando de armar una nueva banda para evangelizar y también estaba concentrado en mi carrera profesional.

El escribir esto me viene la imagen de Adán. Cuando estaba dormido, descansando, confiando completamente en Dios, se dio cuenta sorprendido que tenía a su lado a su compañera, Eva. Dios le dio a Adán lo que él necesitaba, en el momento justo. El amor encontró a Adán, no fue Adán quien lo buscó. Eva también esperó a que Adán la mirara y le expresara su admiración y su amor. La Biblia dice: «Mujer ejemplar, ¿dónde se hallará» (Proverbios 31:10). La mujer debe ser encontrada por el hombre y el hombre por el amor.

Finalmente, después de pensarlo tanto y de pedirle a Dios sabiduría, una noche en la casa de unos primos de Vanessa le pedí que fuéramos novios, y obviamente la respuesta fue positiva. Estábamos listos para enfrentar un noviazgo de lejos, estábamos listos para lo que Dios haría en nuestros corazones, para la etapa de preparación hacia el matrimonio que apenas comenzaba.

Así fue como nos embarcamos en esta aventura de llevar un noviazgo a distancia. El desarrollo de mi tesis lo dejé para más adelante, pues prefería compartir el tiempo que tenía con Vanessa y concentrarme en que la relación sentimental arrancara con buenas bases.

Mi pastor Darío Silva Silva dice que «la tercera es la vencida». No podía creer que estuviera de novio con esta mujer tan hermosa, tan completa y tan romántica. Nunca idealicé a ninguna mujer ni pedí que sea específicamente de alguna forma, pero Dios se pasó de bueno conmigo. A diferencia de mis anteriores relaciones de noviazgo, con ella quería casarme, sentía que nunca me aburriría a su lado, y me gustaba que en cuestiones de romanticismo no ponía obstáculos, sino que me daba alas para demostrarle lo enamorado que estaba.

Desde ese entonces no me cambió por nadie. El verdadero amor llegó, y además de sorprenderme me llenó de ganas de componer canciones, pues por primera vez estaba totalmente enamorado. Ya no solo componía canciones para ayudar a otros a salir de sus problemas con la ayuda de Dios, sino que también le componía al amor.

Paralelamente al nacimiento de este amor, surgía, con la ayuda de un amigo, la oportunidad de reunirme con algunos músicos cristianos y dar inició a un proyecto musical. Antes de que Vanessa regresara a los Estados Unidos quería que asistiera al primer ensayo para que conociera de qué se trataba. Para mí era importante que ella escuchara esta banda que Dios me estaba regalando, pues desde siempre Vanessa, su hermana y su madre habían sido fans de mis canciones. Ahora era el tiempo para que escucharan esas mismas canciones, no solo con mi voz y mi guitarra, sino con una banda musical completa.

Una tarde fuimos al ensayo con Vanessa y le encantó escuchar mis canciones tocadas más profesionalmente.

Esas vacaciones fueron inolvidables para mí, pues llegó el amor a mi vida, y luego el proyecto musical que más me ha apasionado hasta el momento, que se llama: ¡PESCAO VIVO!

PARTE DOS

VANESSA
«LA MODELO»

✪ CAPÍTULO 13

EL COMIENZO DE UNA BUENA INFANCIA

Miles de jóvenes prefieren vivir dejándose llevar por el momento, por sus emociones, y no calculan las consecuencias que pueden traer sus actos, pero de esto depende que tengan una vida llena de bendiciones o de fracasos. El joven no sabe manejar el corazón, lo regala muy fácil al primero o a la primera que pasa por la esquina. Todos siempre cuidamos nuestra ropa, al perrito de la casa, al carro, al dinero del banco, hasta al cabello pero, ¿nuestro corazón? ¿Quién lo cuida? ¿Quién lo arregla? ¡Solo Jesús!

Nací en Chicago, Illinois, por cosas de la vida. Mi mamá era muy jovencita para criarme, por lo tanto mi abuelita viajó a los Estados Unidos donde viven la mayoría de sus hermanos y familia a ayudar a mi mamá mientras mi papa trabajaba.

Cuando tenía dos años y medio viajé a Colombia, y a los pocos meses se manifestó una alergia en mi cuerpo que nadie sabía de qué se trataba. Por las noches mi madre me ponía medias en las manos para que no me rasque mientras dormía. Era muy delicada y me enfermaba por todo. Al poco tiempo nació mi hermanita, que siempre ha sido muy especial para mí, ¡ha sido mi mejor amiga durante toda la vida!

Mi mamá me cuenta que apenas llegó del hospital con Linda, yo la sacudí y le dije que quería jugar con ella, pero al ver que no respondía como yo pensaba, me puse a llorar.

Crecí siendo una niña muy alegre, tierna, amorosa, pero también muy inquieta y traviesa. Tenía la chispa alborotada, gritaba, saltaba, cantaba y bailaba todo el día. Me encantaba ver películas donde bailaban, y trataba de hacer los mismos pasos. Me fascinaba la brasilera Xuxa y me sabía todos los pasos y las canciones, siempre jugaba a ser ella. También me paraba muy seguido frente al espejo y me ponía a posar como una modelo. A mi abuelita le decía que cuando fuera grande quería ser modelo, y ella me respondía que primero tenía que estudiar. Nunca se lo dije a mi papá porque a él no le gustaba para nada la idea. Cuando se lo insinuaba, se enojaba, pero en cambio mi mamá lo tomaba como un juego para mí y me metía en concursos de belleza para niñas, donde gané varias coronas.

Tengo varios primos de mi misma edad con los cuales éramos muy unidos, aunque como todo niño cada uno tenía su personalidad. Mi primo Leonardo y yo siempre éramos los culpables de todo lo malo que pasaba en la casa, éramos los que rompíamos algo, regábamos la sopa, mejor dicho, hacíamos travesuras todo el tiempo. Gracias a Dios yo era la consentida de mi abuelita y ella siempre salía a defenderme.

A veces, algunos de la familia me rechazaban por mi forma de ser, pero entre más me decían que no molestara, más lo hacía. Recuerdo que decían que yo tenía al diablo adentro, porque no me había bautizado bajo la enseñanza católica. En el momento eso me marcó muchísimo, porque eran palabras muy fuertes para una niña. A pesar de estos comentarios era muy alegre y soñadora, me encantaba disfrutar de todo. Lo que más me gustaba eran las películas de Disney. Con mi hermana las sabíamos de memoria, las actuábamos, jugábamos y nos disfrazábamos de todas las princesitas. Siempre que las veía pensaba que mi mamá era la princesa y mi papá el príncipe y que iban a estar «felices por siempre», la típica frase de los cuentos. Aunque era muy soñadora yo sabía que mis padres eran una pareja de carne y hueso, que se daban besos, peleaban, salían, estaban felices, estaban tristes. Ellos eran muy consentidores con nosotras, siempre se esforzaron por darnos todo, nunca nos faltó nada.

Mi papá siempre ha sido un hombre muy trabajador y responsable, no le gusta deber nada a nadie. Después de varios años de vivir en Colombia le ofrecieron un trabajo muy importante y regresó a Estados Unidos para trabajar con una compañía que con la que debía viajar muy seguido. Para él no fue nada fácil, pero como solo quería lo mejor para las tres tenía que aprovechar esa oportunidad.

Para nosotras era muy duro quedarnos solas, pero cuando mi papá llegaba a Colombia éramos la familia más feliz del mundo. Salíamos a comer, íbamos de vacaciones, mi papá nos traía muchos regalos, etc. Pero cuando debía regresar todo terminaba. En ese momento mi mamá terminó su carrera profesional de Pedagogía en preescolar, y mi papá le compró un colegio especializado en preescolar para que ella empezara a trabajar.

De esta época tengo un recuerdo que me da mucha risa. A principios de año mi mamá siempre nos llevaba a su trabajo porque tenía que matricular a los niños que iban a estudiar todo el año, entonces mi hermana y yo llevábamos casi todos nuestros juguetes para distraernos y jugar. Mis papás siempre nos compraban lo mismo, pero de diferente color. Por ejemplo las dos teníamos unos bebés que lloraban, se reían, comían y cantaban, pero el mío era rubio y el de mi hermana era castaño. Había otras cosas que las compartíamos para no tener lo mismo, así si que una recibía el carro de Barbie, a la otra le daban la piscina. Resulta que en una ocasión, a Linda le dieron una casa de muñecas y a mí una piscina de plástico gigante con un muñeco para inflar. Linda tenía su cocina con su tetero, los vasos, platos etc., pero la mía era más grande porque tenía una olla que hervía la sopa, fritaba un huevo y venía con comida. Cuando juntábamos lo de las dos era lo máximo, porque decorábamos la casita súper linda y pasábamos horas armando todo y jugando. En una ocasión jugábamos a las amigas. Cada una tenía que tener su propia casa, pero yo había hecho la mía no solo con mis juguetes sino que también los de ella, hasta puse un mini televisor que teníamos. A mi hermana le tocó agarrar el titiritero del colegio (donde le hacían títeres a los niños) para decorar su casita con lo poco que le dejé, jajajá ¡qué pesar! Al ver lo bonita que estaba mi casa, ella golpeó a la puerta y me preguntó si la dejaba vivir conmigo, ya que no le gustaba la suya. Me divertía tanto jugar con mi hermana en todo momento. Cualquier cosa era una excusa para divertirnos.

En una de las idas de mi papá, mi hermana se enfermó gravemente. Mi mamá corrió al hospital y al llegar sale un «doctor» a recibirla, que pudo haber estudiado mucho, pero en cuanto a principios y valores, el título de profesional le quedaba grande.

Desde el principio me cayó súper mal porque después de atender a mi hermana pidió estar a solas con mi mamá en el consultorio. Yo me quedé afuera con mi abuelita con mucha desconfianza en mi corazón.

Me acuerdo que a mis siete años le reclamé a mi mamá por qué estaba ¡sola con él! Yo la celaba muchísimo cuando mi papá no estaba con nosotros, como cuidándola. Con el tiempo, este «doctor» se convirtió en el doctor de confianza de la familia. Ha sido con la única persona que desde un principio fui grosera. En mi corazón sentía que no tenía buenas intenciones con mi mamá por la forma en que le hablaba y la miraba. Lo peor fue cuando supo que mi papá viajaba mucho a los Estados Unidos, ya que aprovechó esa situación y comenzó a llamar a mi mamá y a visitarnos muy seguido con la excusa de tratar mi alergia. Cuando este tratamiento se acabó siguió visitándonos, y yo a veces le decía en la cara para qué venía si ninguna de nosotras estaba enferma.

Cuando mi papá estaba por llegar, todo el tiempo se lo refregaba al doctor en la cara, como diciéndole: *Mis papás se aman y usted no va a poder meterse entre ellos* (que era mi mayor miedo). Recuerdo una ocasión en que mi papá nos llevó de vacaciones. Yo estaba muy feliz disfrutando con mi familia, mis regalos nuevos (entre ellos un Alf gigante de peluche), comiendo helado en el hotel, cuando a lo lejos veo al doctor con cara de sorprendido saludando a todos. Esta fue una ingrata coincidencia para mí. Mi papá muy inocente lo invitó a comer, y mi feliz paseo familiar terminó en ese momento.

CAPÍTULO 14
LA MODELO QUE NO TUVO MODELO DE MATRIMONIO

La sombra de este señor nos siguió como por dos años en los cuales empecé a sorprender a mi mamá hablando a escondidas con alguien. También la veía salir a la tienda muy seguido. A veces me despertaba a media noche y mi mamá no estaba.

Una vez mi mamá salió con él y atrasó todos los relojes de la casa para engañarme, así si yo me llegaba a despertar pensaría que era más temprano, ya que tenía planeado llegar muy tarde. Para sorpresa de mi mamá me desperté y la esperé hasta que llegó como a la 1 de la madrugada, y el único reloj que no había atrasado era uno que yo tenía guardado.

Empecé a llenarme de rencor contra el doctor, porque ya ni disimulaba sus malas intenciones. Cada vez me volvía más rebelde con mi mamá y grosera con él. Cuando él estaba cerca me transformaba, lo odiaba con todo mi corazón. Era de esas personas que cuando las veía, me borraban la sonrisa. A veces cuando peleaba con mi mamá delante de él por su presencia en mi casa, me hacía muecas y se burlaba de mí por detrás sin que mi mamá se diera cuenta. Esto me llenaba de impotencia. Era tanto mi odio por él que me acuerdo que en sueños le pegaba y le gritaba, y así me desahogaba. También soñaba que lo veía con cuernos y cola, para mí era el mismísimo demonio.

Mi hermana era pequeña y no entendía nada de lo que estaba pasando. No quería que tuviera ese sentimiento horrible que tenía yo, por eso la protegía mucho y trataba de distraerla. Llorando le decía a mi abuelita Gloria que no quería que mis papás se separaran. Cuando yo pensaba en eso sentía mucho temor, el mundo se me derrumbaba y sentía que mi vida no valía la pena sin mis papás juntos.

Un día, al llegar mi papá de uno de sus viajes, me puse muy contenta ya que nuevamente estábamos todos juntos. Mi papá me entregó mis regalos, entre ellos el carro de la Barbie. Al verlo, rapidamente puse mis Barbies en el asiento y comencé a recorrer todo el apartamento. Pero cuando estaba en el pasillo escuché a mi papá llorando mientras hablaba en la sala con mi mamá. Me quedé escondida en el pasillo tratando de escuchar, como no pude, les pregunté qué estaba sucediendo.

No recuerdo muy bien si en ese momento me dijeron que se iban a separar, solo sé que mi mamá le dijo a mi papá que ya no lo amaba y que había otro hombre con el que estaba saliendo. La desconfianza que sentí desde que mi mamá entró a ese consultorio se había convertido en una gran pesadilla.

Cada día le preguntaba a Dios por qué permitía este dolor tan gigante que me consumía todo el cuerpo, hasta llegué a enfermarme. Pero lo que más rabia me daba era que este doctor se hubiera salido con la suya y se hubiese robado a mi mamá. Eso era lo que sentía.

Después de ese tiempo hay un espacio negro en mi memoria. Lo siguiente que vuelvo a recordar es que mis papás empiezan a dormir en diferentes cuartos dentro del mismo apartamento. En estos momentos comenzó la guerra en mi casa. Vi pelear a mis papas casi todos los días, como nunca antes. Se gritaban, se decían cosas feas… Mi papá sorprendía a mi mamá hablando con el doctor y sufría mucho. Todo lo que mi papá le había regalado empezó a echarlo a la basura. Fue un momento horrible.

Lo que estaba ocurriendo entre mis padres fue un golpe muy grande para toda la familia. Mi abuelita Gloria, la mamá de mi mamá, no podía creer lo que estaba pasando. Le insistía a mi mamá que no se separara y que salvara su matrimonio, pero ella no hacía caso.

El mismo odio que le tenía al doctor empecé a sentirlo hacia mi mamá. La amaba demasiado, pero sentí que ella prefirió estar con el doctor y terminar con el lindo hogar que teníamos. En esos momentos nadie daba dos pesos por mi hermana y por mí. Además de hiperactiva y traviesa, me había vuelto rebelde y grosera. Había perdido el respeto por mi mamá, y por lo tanto me empezaron a ver mal con tan solo mis 9 años.

En una ocasión, quería desahogar toda la rabia que había dentro de mí y le escribí una carta horrible a mi mamá donde le decía que no quería saber de ella nunca más. Me había desilusionado y había decidido no volver a llamarla mamá. Desde ese momento comencé a llamarla por su nombre «Gloria».

Habían tantas peleas en mi casa que ese ambiente no era bueno ni para mi hermana ni para mí. Como resultado de la separación de nustros padres nos echaron de uno de los mejores colegios de la ciudad. Las monjas del colegio decían que no éramos buena influencia para nuestras compañeras. Lo mismo ocurría en el barrio y hasta en la misma familia. Todos le dieron la espalda a mi mamá. Se quedó sola. Al principio mi abuelita también se alejó, pero después la misericordia de una madre le hizo volver a hablar con ella.

Mi mamá decidió irse a vivir a la parte de arriba de su colegio de preescolar, donde trabajaba. Mi hermana y yo nos quedamos viviendo en el apartamento con mi papá. Para él fue muy duro porque no sabía cocinar ni lidiar con dos hijas, y trabajar al mismo tiempo. Llamaba a su madre y ella le decía cómo hacer todo. Mi papá se volvió muy dependiente de ella. Obviamente ella nos ayudaba mucho por su dolor al ver sufrir a mi papá.

Un familiar de mi papá nos empezó a hablar muy mal de mi mamá, a llenarnos la cabeza de muchas cosas feas como: «Tu mamá las cambió por estar con otro hombre», y otras frases peores que prefiero no recordarlas. Creo que nunca nadie debería hacerle esto a uno niño, porque el maltrato psicológico es muy duro. No solo nos ponían en contra de mi mamá, aprovechándose de su error, sino de toda su familia, incluyendo a mi abuelita Gloria, a quien yo quería tanto y quien no tenía la culpa de nada.

Desde ese momento empezó la pelea por la patria potestad de nosotras, la separación etc. No volví a ver a mi mamá en dos años. No quería saber nada de ella, tenía pesadillas y muchos miedos. Para mí era la peor mamá del mundo. Me dolía mucho cuando recordaba que ella decía que era muy joven y que tenía que vivir la vida. Recordaba cómo éramos antes y me largaba a llorar, aunque trataba de ser fuerte y endurecer mi corazón.

Me refugié en mi hermana, íbamos juntas para todos lados. Como siempre jugábamos a las Barbies, al Atari, íbamos al parque, patinábamos, armábamos la casita de muñecas, pero a lo que más jugábamos era que yo era la mamá y ella mi hija. Mi hermana tenía 6 años, y yo trataba de llenar el vacío de mi mamá para que Linda no lo sintiera.

No veíamos a mamá, solo hablábamos con ella por teléfono. Algunas veces la cruzábamos en los juzgados, y era horrible porque se volvía a abrir esa herida tan tenaz y dolorosa. Estas experiencias me hicieron ser una niña muy dura de corazón. Me ponía una coraza muy fuerte, pero en realidad me sentía débil. Desde este momento empecé a odiar a los hombres, a todos en general, por culpa de este doctor. Para mí el único hombre bueno en la vida era mi papá, pero por más que no lo quería aceptar, mi mamá me hacía mucha falta. Quería hablar con ella, pero el orgullo podía más.

Después de habernos visto solo tres veces en dos años, el juzgado nos citó para ver obligadas a mi mamá en un centro comercial. Ella traía como una canasta en su mano, yo apenas la saludé, pretendí ignorar lo que traía esa canasta. Mi hermana se acercó y al mirar lo que había dentro de esa canasta se da cuenta que algo se mueve y me grita: «Vanes ven, mira. ¡Se está moviendo!». En ese momento se me olvidó el orgullo y la rabia contra de mi mamá. Rápidamente me acerqué y vi un perrito blanco maltés hermoso, recién nacido, el cual nos cautivó el corazón. Estábamos felices. Bautizamos a esta perrita con el nombre de «Chispita». Gracias a ella empezamos una nueva relación con mi mamá, por más que sabíamos que ella seguía con ese doctor.

Al principio ella nos llamaba con la excusa de preguntarnos cómo estaba la perrita, pero luego continuábamos hablándonos. Poco a poco recuperamos la confianza, como yo era tan fría me costó mucho decirle mamá nuevamente, ya que no quería volver a entregarle todo mi corazón.

Tiempo después mi mamá nos contó que para ella esa época fue muy difícil. Sufrió demasiado. Nos llamaba todo el tiempo, pero nosotras colgábamos el teléfono. Cambiaron las cerraduras de mi casa y prohibieron que la dejaran entrar al conjunto residencial donde vivíamos. Mi mami pensaba en nosotras y nos recordaba a cada instante, porque éramos su vida. No era verdad que no le importábamos. Ella nunca midió las consecuencias de sus decisiones, y por su misma inmadurez se dejó llevar por un mal consejo de una presunta «amiga» que le dijo que no pasaba nada si salía una vez a comer con el doctor. Ella cayó en la trampa del diablo, y lo que empezó como una simple salida se convirtió en un infierno para una familia que era tan feliz. Fue tan duro y desesperante para ella no poder vernos que una noche intentó suicidarse por su soledad, culpabilidad y vergüenza. Gracias a Dios no lo logró, ya que en el momento que estaba en el botiquín pensando en cómo matarse recibió la llamada de una amiga que la hizo reaccionar. Hoy, ya adulta puedo decir: «Gracias mamita porque fuiste valiente y no creíste la mentira del diablo. Eres muy valiosa. Mi hermana y yo te amamos».

CAPÍTULO 15
CORAZÓN DESTRUIDO Y CON MIEDO A AMAR

Cuando mi papá supuso que las cosas estaban bien —aunque la verdad lo único que había pasado era que habíamos tapado la herida muy superficialmente, pero en cualquier momento se podía volver a abrir—, volvió a viajar a los Estados Unidos y nosotras a quedarnos con mi mamá.

Creo que lo hizo más para despejarse y no sufrir, aunque mis papás comenzaron a hablar otra vez como «amigos», él no estaba del todo bien y la seguía amando. Para ese entonces yo ya era adolescente. Lo que más me alegraba de volver a vivir con mi mamá era poder compartir otra vez con mi abuelita Gloria, a la que siempre amé tanto y de quien nos separaron por los mismos dos años en los que no vimos a mi mamá.

Al comienzo mi mamá se veía a escondidas con el doctor, para no incomodarnos a mi hermana y a mí. Pero poco a poco dejó de ocultarlo. Ante mis continuos reclamos, ella volvía a decirme que era muy joven y que tenía que vivir y aprovechar su vida. Cada vez que ella repetía esta frase me hacía sentir que yo no era parte de esa vida divertida que ella quería vivir.

Entre semana todo estaba más o menos bien porque nos distraíamos en el colegio, pero igualmente peleaba muchísimo con mi mamá. Los fines de semana había pelea asegurada. Ella siempre quería irse con el doctor por las noches y nos dejaba en casa de mi abuelita, y por más que a mi abuela no le gustaba la idea, le encantaba pasar tiempo con nosotras.

Cuando llegaban las vacaciones, mi papá nos enviaba pasajes para irnos a Disney World, y también incluía a mi mamá. Eran momentos que aprovechaba al máximo porque podíamos compartir los cuatro juntos, como familia, por más que no lo éramos. Mi hermana y yo tratábamos de ignorar que mi mamá tenía novio, y disfrutábamos del paseo. Lo que más me gustaba de esos viajes era que mi mamá siempre se peleaba con el doctor por irse con nosotras. Me sentía bien cuando ellos estaban mal.

Pasaba el tiempo, y por más que parecía alegre y me gustaba reírme y pasarla bien, el rencor acumulado seguía en mi corazón. Cada vez odiaba más a ese doctor, era el lunar en mi vida. A veces, entre semana íbamos al colegio preescolar de mi mamá para acompañarla, porque había niños que se iban muy tarde. Al cabo de un tiempo, el doctor también empezó a ir de vez en cuando, ya que no se atrevía a ir a nuestra casa porque sabía que de ahí «lo sacaba a patadas».

Según mi mamá, él no quería esconderse más y ella estaba cansada de verse con él solo en la calle, pero yo no me aguantaba y hacía lo que fuera para que él se aburriera y no volviera jamás. Recuerdo que disfrutaba haciendo travesuras, como ensuciarle el carro con tierra.

Una vez dejó la puerta del carro abierta y le mojé completamente el asiento. Otra vez le puse alfileres donde él se sentaba… y cosas así por el estilo. Mi mamá no me lo decía pero yo sabía que la relación con el doctor nunca fue fácil, ya que nadie alrededor estaba de acuerdo. Había muchos problemas entre ellos, peleaban mucho, y por la manera como empezó la relación nunca hubo estabilidad ni eran felices.

A veces me daba pesar la vida que mi mamá había decidido llevar, pero me acordaba de cómo sucedieron las cosas y ella tenía la culpa. Mi mamá siempre me decía que yo solo la iba a entender cuando me enamorara, pero esas palabras me asustaban mucho, porque para mí el amor era una mentira, no existía, solo se encontraba en las películas y cuentos de hadas.

Mientras entraba a mi adolescencia me separé un poco del problema familiar y me involucré más con el colegio y sus actividades. Participaba en todo, en el coro, la emisora radial, en todo lo que aparecía yo estaba involucrada. Con mis amigas del colegio éramos muy unidas. Siempre organizábamos bailes y obras de teatro para cualquier actividad del colegio en fechas importantes como el día de la raza, de la familia, para las izadas de bandera, etc. Me gustaba mucho estar con ellas, éramos como las líderes del salón. Siempre teníamos buenas ideas pero al mismo tiempo éramos las que más molestábamos a las profesoras, sobre todo yo. Éramos tan insoportables juntas que al finalizar uno de los años de bachillerato o preparatoria, nos dividieron y quedamos tres en un curso y las otras cuatro en el otro.

Por esta razón comenzamos a vernos más fuera del colegio. Íbamos al cine, a tomar helado y más adelante llegaron las fiestas también. Yo era muy abierta con mis compañeras de curso y con mis amigas… Me conocían por ser la más habladora, espontánea, risueña y extrovertida, pero en cuanto a hombres y fiestas, me volvía la más introvertida y callada. Algunas ya habían dado el primer beso y hasta habían tenido relaciones sexuales. Esto me asustaba muchísimo porque inconscientemente no quería involucrarme con nadie. Sentía miedo.

A la vez no me sentía la más bonita, aunque los amigos de mis primas siempre me veían como la niña «cari bonita», me decían Barbie, pero yo no estaba conforme.

Veía cómo mis primas y mis amigas se empezaban a desarrollar y ya tenían curvas, y yo nada, era flaca y alta. Me sentía como un «espaguetti cari bonito». Jajajá. Siempre era la última de la fila en el curso. En las fotos siempre me agachaba y me volví muy encorvada porque no me gustaba ser tan alta.

El tío de uno de los estudiantes del preescolar de mi mamá resultó ser un fotógrafo famoso, y mi mamá le propuso que nos tomara fotos a toda la familia. Ese día hasta mi perrita Chispita salió en las fotos.

Me encantaban las fotos. Siempre que decían «foto» ahí estaba yo, posando como si fuera modelo. Ese día me sentí feliz en el estudio, poniéndome diferentes trajes y dejándome peinar y maquillar. Cuando nos entregaron las fotos, mi mamá y el fotógrafo quedaron sorprendidos con mi registro y facilidad de posar ante una cámara. Esas fueron las primeras fotografías profesionales que me tomaron. Ese día el fotógrafo le dijo a mi mamá que yo tenía un gran futuro como modelo y que él me podía ayudar. Mi mamá le dijo, sin que él terminara la frase, que a ella no le interesaba porque yo era muy rebelde y le daba temor de que incursionara en ese medio y me convirtiera en la adolescente loca, drogadicta, alcohólica, etc. Cuando me enteré me puse furiosa. Ese era mi sueño. Desde niña veía en la televisión los reinados de Miss Colombia, las modelos desfilando, los comerciales y catálogos, y yo me imaginaba en ese lugar. Me encantaba, y decía que algún día yo estaría allí. Definitivamente en ese momento Dios me guardó, pues si mi mamá hubiera cedido un poco, hoy no podría contar esta historia, y… quién sabe dónde estaría.

✿ CAPÍTULO 16
RECHACÉ EL MUNDO SIN SABERLO

Mis amigas decían que yo era linda y que podía tener al hombre que quisiera, pero a mí no me interesaba. A veces en los centros comerciales me ponían a caminar adelante sola a ver si algún muchacho se volteaba a mirarme, pero a mí no me gustaba que me observaran. Me sentía rara y tenía mucha desconfianza en los hombres. Sentía que todos se querían aprovechar de mí. La verdad es que no les veía buenas intenciones, porque eso fue lo que vi con el novio de mi mamá.

En ese momento de mi vida algo muy irónico me sucedió. Mi mamá me impulsaba a salir, en cambio mi papá era más estricto y celoso con el tema de salidas y hombres. Él nos decía a mi hermana y a mí que hasta que no termináramos la universidad no deberíamos tener novio. Eran dos extremos.

A mí me gustaba salir con mis amigas del colegio a lugares sanos, y poco a poco empecé a sentir que yo era diferente y que tenía otros intereses. Ellas empezaron con el cuento de reunirse a beber y a fumar. Las primeras veces las acompañé, pero me sentía muy incómoda, prefería otros planes. Mis amigas tanto del barrio como del colegio, en su inmadurez, solo querían experimentar, y creían que hacerlo era parte del proceso de la adolescencia, pero por mi forma de ser empecé a rechazar esos planes.

Dejé de salir con ellas cuando sabía que iban a hacer eso. Prefería quedarme en mi casa haciendo nada, con tal de no ir a ese mal ambiente. Ellas después me contaban que mientras compartían sus salidas brindaban por mí, porque tenían una amiga muy juiciosa y sana. Esto me parecía súper chévere porque me gustaba ser diferente, y de cierta manera ser buena influencia, sin que yo lo supiera.

Cuando le contaba a mi mamá que mis amigas estaban reunidas, ella se ponía brava conmigo porque no iba. Me decía que no fuera aburrida, que estaba en la edad de salir. La verdad es que muchas veces iba obligada por mi mamá a las «minitecas» (fiestas por la tarde en el colegio), bares, o cualquier fiesta del momento. Yo le decía que ella solo quería que saliera para poder estar con su novio tranquila. Además le decía que los planes de beber y fumar me molestaban, me hacían sentír incómoda, especialmente si en esos planes había hombres. Creía que ellos me iban a dar tres vueltas y después de obtener lo que quisieran... me dejarían tirada. Eso era lo que empezaba a visualizar a mi alrededor con todas las niñas de mi edad. Además, yo tenía muchos complejos como mujer. No me sentía la más bonita. Me vestía con ropa ancha para que no se viera mi flacura.

Al entrar a la adolescencia luchaba mucho porque sentía que no era normal o igual a todos los de mi edad. A mí no me gustaba lo que a todos, y no entendía por qué. En una ocasión salimos con mis primos a una fiesta de un colegio, y como iba mi primo Leo, acepté. Él era el único hombre con el que me sentía cómoda bailando. Esa noche la pasé súper divertido. Disfruté sanamente porque todos mis primos son muy sanos y me sentía en mi ambiente. Acababa de terminarse una canción y volteé a hablarle a uno de mis primos y de repente sentí que alguien me abrazaba por detrás. Me apretaba muy fuerte. Me sentí horrible. Cuando giré para ver quién era vi a un joven borracho, diciéndome que bailáramos. Me dio tanta rabia que le di una cachetadota con todas mis fuerzas por abusivo.

Cuando llegamos a la casa de mi abuelita Gloria, una de mis primas le contó a mi mamá lo que había sucedido. Al otro día, mi mamá muy preocupada me dijo que estaba bien que me hiciera respetar, pero que debía tener amigos hombres. Con una actitud muy seria mi mamá me insinuó si en verdad a mí me gustaban los hombres. Esto me dio mucha rabia. Yo tenía muy en claro que no era lesbiana y no tenía nada que ver con eso. Simplemente odiaba a los hombres y no sabía por qué.

Esa noche ella me confrontó diciéndome que no debía ser así de agresiva con los muchachos, porque me iba a quedar solterona toda la vida. En esos momentos yo no estaba pensando en casarme porque no creía en el matrimonio, para mí era una farsa, el amor no existía. Fue una época de muchos temores y complejos.

Durante unas de nuestras vacaciones nos fuimos nuevamente a Estados Unidos, pero esta vez a la ciudad de Chicago, a visitar a mi tío John, el hermano de mi mamá. Pasamos Navidad y Año nuevo allí. Fue muy bonito para nosotras ya que no conocíamos la nieve, y pasar las fiestas allí fue muy especial.

Un día mi tío nos invitó a su iglesia, nosotros por respeto aceptamos. Hasta ese momento yo no sabía que mi tío era cristiano, y aunque en Bogotá había escuchado que hablaban de esto, no le había puesto mucha atención. Fui a la iglesia, pero la verdad es que estaba en otro cuento y no puse nada de atención. Todo lo que dijeron allí me entró por un oído y salió por otro. Estaba todo el tiempo con mi prima Maggie (que tiene mi misma edad). La acompañaba al colegio, jugábamos en la nieve, patinábamos, etc. Aprovechaba al máximo mis vacaciones. Pero en medio de mi despiste me di cuenta que mi mamá hablaba mucho con el pastor de la iglesia de mi tío, y que él oraba por ella.

Cuando llegamos a Colombia empecé a ver algunos cambios en mi mamá. Estaba más pendiente de nosotras. No nos dejaba tanto tiempo en la casa de mi abuelita. No salía tanto con su novio y no pensaba tanto en ella misma. Para nosotras esto fue raro. Desde aquel viaje a Chicago algo le había pasado a mi mamá, pero no sabíamos exactamente qué era.

Por otro lado, mi mamá estaba deseando comprarse un carro nuevo. Empezó a llevar papeles a los bancos para comprarse uno, pero en medio de todo esto se enteró de una fiesta donde rifarían el carro que ella quería y decidió esperar para ver si se lo ganaba. Mi mamá fue muy chistosa, prácticamente estaba condicionando a Dios, ella le dijo: «Si me das ese automovil, iré a la iglesia». No me pregunten por qué, pero mi mamá empezó a contarle a todo el mundo que se iba a ganar un auto, porque Dios se lo iba a regalar. Para sorpresa de todos, mi mamá se lo ganó y cumplió su promesa a Dios: nos llevó a la iglesia.

CAPÍTULO 17
MI VACÍO SOLO SE LLENÓ CON DIOS

Mi mamá estaba súper feliz porque ella sentía que Dios la había llamado regalándole el carro, y empezó a sentir que Dios estaba interesado en las tres (ella, mi hermanita y yo). La verdad es que yo no quería ir a la iglesia, me daba miedo porque veía en la televisión que la gente se caía, gritaba, y eso me espantaba. Sentía que al ir a una iglesia cristiana estaría traicionando a Dios. ¡Qué ironía! Lo que yo no sabía era que en realidad allí conocería a Dios. Siempre fui católica por tradición, no por convicción. Es más, las estatuas de las iglesias católicas me daban pavor. Mi papá era extremadamente católico, él nos llevaba a las 5 de la mañana a las procesiones de la virgen María, y todos los domingos a la iglesia. Él conocía mucho toda la historia de los santos porque mientras estudiaba en la Universidad siempre trabajó como profesor en colegios católicos. Es más, así se conocieron con mi mamá, ella era su alumna. A pesar de todo esto, la verdad es que ninguno de nosotros conocía realmente quién era Dios.

Así fue como mi mamá decidió llevarnos al grupo de jóvenes de la iglesia Casa sobre la Roca para que nos sintiéramos más cómodas. Yo le hice mil «pataletas» y le preguntaba qué le pasaba. Primero se había metido con ese doctor y ahora se le daba por la locura del cristianismo. Una tarde, súper regañadas, mi mamá nos dejó a mi hermana y a mí en la puerta de la iglesia. Nos dijo que en dos horas nos pasaría a recoger, que nosotras decidiéramos qué hacer, si entrar o quedarnos afuera.

Durante media hora estuvimos paradas afuera, mientras adentro escuchábamos a la gente feliz, cantando. Unos jóvenes nos invitaron a pasar, pero nosotras nos resistimos un poco, aunque finalmente entramos. Al ir caminando nos dábamos cuenta que los jóvenes eran iguales a nosotras, pero que ellos estaban cantando y bailando para Dios. Nos sentamos, escuchamos el mensaje y la verdad es que me encantó. Me sentí súper identificada con lo que hablaban en ese lugar. Me di cuenta que yo no era anormal en mi forma de pensar, los que estaban mal eran los que me rodeaban, yo estaba bien en cuanto a lo que Dios pensaba y sus consejos.

Ese domingo regresamos a la iglesia. El pastor Darío Silva Silva predicó sobre el corazón dividido. Me hizo llorar mucho saber que mi corazón estaba dividido en mil cosas, estaba muy herido y lo peor es que no estaba Dios en él. Ese día pasé al frente para decirle a Dios que tomara mi vida, mi corazón y todo mi ser. Mi vida fue transformada. Ya nada me ponía triste, ni siquiera ese doctor (porque mi mamá seguía con él).

Empecé a tener una relación espectacular con Dios. Cada vez me enamoraba más de él. Mi mamá y mi hermana estaban igual que yo, llenas del amor de Dios. La persona que más nos había hecho sufrir en la vida, mi mamá, en esos momentos nos estaba presentando la mejor garantía de vida... Jesús.

Todos los domingos íbamos a la iglesia y los viernes al grupo de jóvenes. Es más, a mi mamá le encantaba tanto que se quedaba con nosotras durante todo el servicio. Un versículo que me impactó fue que me deleitara en Dios, que él cumpliría TODOS los deseos de mi corazón. Dios sabía cuáles eran mis deseos. Yo quería que mis papás volvieran a estar juntos. El otro deseo de mi corazón era que... por más que lo veía imposible, apareciera el hombre de mi vida. También le pedí que quería ser modelo y muchas otras cosas.

Con el tiempo, mi hermana y yo hicimos nuevos amigos. Mi mamá nos acompañaba a las actividades que realizábamos con los del grupo, yo le decía que se fuera con su novio. Lo irónico de todo es que mi mamá cada vez estaba más alejada del doctor. Ella lo llevó a la iglesia, pero él solo iba para agradarla, por nada más, obviamente no le interesaba Dios. Pero lo que siempre soñé... estaba sucediendo sin que yo moviera un dedo.

Un día Dios le habló claramente a mi mamá por medio del pastor de jóvenes, porque yo delante de un grupo de personas le pregunté quién debía ser más importante en su vida: ¿el novio o las hijas? Él le dijo a mi mamá que como no estaba casada, su prioridad después de Dios, debían ser sus hijas… Yo estaba feliz porque cada vez sentía un mayor respaldo de Dios. Él siempre me guardó y no permitió que hiciera nada malo. Ya no sufría como antes sintiéndome un insecto raro, porque mis amigos eran como yo y pensaban como yo. Fui privilegiada haber conocido a Dios siendo adolescente, esto me evitó mil problemas y errores que se suelen cometer a esa edad.

Lo primero que hizo Dios fue restaurar la relación con mi mamá y sanar mi corazón. Jesús me hizo creer nuevamente en el amor, porque el verdadero amor viene de él. Dios derrama de su amor en nuestro corazón para que amemos como se debe. En esta época la gente no sabe qué es amar, y la clave está en Jesús. Cuando Jesús está en tu corazón es fácil amar, y no hay temor a enamorarse. Aprendí a confiar en los hombres.

Crecimos mucho en Dios. Participábamos de todos los seminarios que se dictaban, y allí nos enseñaron quiénes somos en Dios y el propósito que tenemos en esta tierra. Teníamos sed de Dios, ¡queríamos aprender todo ya!

PACTO CON DIOS

En el grupo de jóvenes se hablaba de los sentimientos, del noviazgo y del sexo detalladamente. Yo siempre estaba muy atenta. Una noche, todos los del grupo de jóvenes, que éramos como 800, hicimos pacto con Dios de entregarle nuestra virginidad a Jesús hasta el matrimonio. Yo lo hice con mucha convicción, con mis huellas y todo. Asimismo le dije a Dios: «Tú sabes que a mí no es que no me gusten los hombres, como llegó a pensar mi mamá en una ocasión, simplemente quiero el mejor. Yo sé que tú me lo vas a dar tal cual yo te lo pida». Tomé mi librito donde anotaba las prédicas y empecé a hacer una lista de las características de mi príncipe azul:

1. Quería un guerrero de Dios… no uno «normalito» que asistiera solamente los domingos. ¡No! Mi palabra fue *«guerrero en la batalla para Dios».* Yo sabía que si era temeroso y apasionado por las cosas de Dios, me iba a amar y a respetar como yo lo merezco.

2. Como siempre fui muy consentida, yo quería que este hombre que estaba idealizando fuera amoroso, detallista, romántico, que me tratara como a la niña de los ojos de Dios, que no le diera pena con sus amigos de dedicarme una canción y tratarme como una princesa.

3. No me importaba que tuviera dinero, eso era lo de menos. Es más, no me deslumbraban los que se me acercaban con su carro y plata para invitarme a salir con ellos. Esto no me deslumbraba. Pero sí quería que fuera una persona que «echara pa' delante» como se dice en Colombia, que estudiara y fuera responsable. Eso fue lo que siempre vi con mi papá. Nunca nos faltó nada porque él siempre fue muy responsable.

4. Lo que mis papás pensaran era muy importante, sobre todo lo que pensara mi papá, ya que él había sido siempre sobreprotector y celoso (tanto que a veces se pasaba). Yo quería que cuando le presentara este hombre a mi papá, lo acepte rapidamente y todo fluya de forma sobrenatural.

5. Me enseñaban que Dios quería cumplir mis deseos, así fueran superficiales. Con un poco de vergüenza le dije a Dios cómo lo quería físicamente. Como soy tan alta quería que ese hombre fuera un poco más alto que yo, con ojos grandes y bonitos que contrastaran con su pelo oscuro y mechudito. Jajajá.

6. La última característica no parecía tan sencilla, quería que fuera virgen, igual que yo. Para todo el mundo era imposible ese pedido, porque es más fácil encontrar una mujer sea virgen, pero que un hombre lo sea, es difícil. Yo pensaba que si me guardaba para ese hombre que Dios me tenía preparado, él también podría guardarse para mí. Quería que mutuamente nos dijéramos: «Te amé sin conocerte por eso me guardé solo para ti».

CANCIÓN: EL VERDADERO AMOR ESPERA O TE AMÉ SIN CONOCERTE

LETRA Y MÚSICA: GIOVANNI OLAYA

El amor espera, siempre persevera.
Es firme ante la tentación.
No caerá, guardará el corazón.
El amor soporta, siempre se comporta,
Se esfuerza, no hace nada indebido,
Con la pureza está comprometido.
Voy a ir contra la corriente, esperaré para quererte, seré fiel hasta la muerte,
Y cuando te tenga enfrente, voy a demostrar que siempre, yo te amé sin
conocerte

Coro:
Te esperaré y aguardaré,
Porque el verdadero amor sabe esperar.
Como el mar espera al río te esperaré.
Como la noche espera al día te esperaré //

El amor restaura lo que se ha perdido,
Perdona, deja todo al olvido, no te abandona.
Sanará al que está herido.
El amor cosecha lo que se ha sembrado.
Florece y no busca lo suyo, no se enaltece.
Muere siempre al orgullo
Voy a ir contra la corriente, esperaré para quererte, seré fiel hasta la muerte,
Y cuando te tenga enfrente, voy a demostrar que siempre, yo te amé sin
conocerte.

Coro:
Te esperaré y aguardaré,
Porque el verdadero amor sabe esperar.
Como el mar espera al río te esperaré.
Como la noche espera al día te esperaré.//
Te esperaré, te esperaré, te esperaré.
Como una flor en un jardín te encontraré

✖ CAPÍTULO 18
LA VIRGINIDAD COMO UNA ROSA

La virginidad es como una rosa. Cuando vas a regalarle una flor a alguien especial no quieres que la misma esté sin pétalos, dañada, marchita, y mucho menos regalarle solo el tallo. Lo mismo pasa con la virginidad. Dios quiere que la entregues enterita. Pero ojo, esa misma noche que Dios dejó una gran huella en mí, también dejó una huella en otros a quienes les dio una nueva virginidad cuando ya la habían perdido. Dios es capaz de restaurar muchas cosas de tu vida hasta la virginidad. Él te da una rosa nueva para que se la entregues a esa persona que te tiene preparada. Lo único que tienes que hacer es estar dispuesto a obedecer, a arrepentirte y a esperar hasta el matrimonio. Dios nos pone límites solo porque nos ama y quiere lo mejor para nosotros, no para fastidiarnos o molestarnos.

Imagínate una ciudad sin señales de tránsito, sería un caos… Habría accidentes, tráfico, gente grosera y desesperada, sería un desorden. Lo mismo pasa con nosotros. Dios nos pone límites y nos aconseja porque no quiere que nuestra vida sea un caos, y que suframos. Él nos da libre albedrío pero somos responsables de las consecuencias que tienen nuestros actos, producto de nuestras malas decisiones.

Cuando le contamos a nuestro papá lo felices que estábamos con Dios. Él muy callado nos escuchó, y sin decirnos nada empezó a leer del cristianismo, ya que era muy católico. Él solito con sus libros se convirtió y se dio cuenta cuál era la verdad de Jesús. Ya estábamos todos estábamos convencidos: ¡Dios era lo único que necesitábamos para ser felices!

Muchos de la familia nos criticaron pero no nos importaba porque había sido la mejor decisión que habíamos tomado. Yo seguí con mi colegio y la iglesia. Todo el tiempo me exponía a cosas malas, pero como sabía que el que estaba en mí era más fuerte… fue sencillo. Muchos jóvenes a mi alrededor, del colegio y del barrio, me decían que me estaba perdiendo los mejores años de mi vida en una iglesia. Entonces yo preguntaba: «¿Qué es vivir? ¿Ser la más borracha, drogadicta, tener relaciones sexuales con todo el mundo? ¿Eso es vivir?». Eso es destruir la vida de los jóvenes y sus suenos. Fracasan porque no esperan y quieren ser los primeros en probar mil cosas. La Biblia dice que «todo tiene su tiempo» y hay que esperar cada etapa de nuestra vida y vivirla como dice Dios, abundantemente.

Yo había decidido aprovechar al máximo mi juventud. Me gustaba practicar deportes, jugaba baloncesto en el colegio, pero lo que más me gustaba era ser porrista del equipo, porque me encanta cantar y bailar. También era una de las programadoras de la emisora del colegio. En los días especiales hacíamos unos bailes buenísimos, mirábamos videos musicales y aprendíamos nuevos pasos. Me gustaba actuar en obras de teatro, y como siempre estaba metida en todo.

Por otro lado, en la iglesia me la pasaba con los de mi grupo de jóvenes que se llama *Timoteos*, el que se dividía en subgrupos de animales. Estaban los leones, los cocodrilos, los osos etc. y yo era del grupo buey naranja.

Estaba cursando mi último año de bachillerato y no sabía qué continuar estudiando. Mi mamá me propuso que vaya a estudiar inglés un año a los Estados Unidos con mi papá, y que después estudiara medios de comunicación. Ella veía en mí talento para la radio y televisión... y la verdad es que era lo que más me llamaba la atención.

Empecé a orar para que Dios me confirmara qué hacer, y claramente me dijo que me fuera a Estados Unidos. Y aunque yo quería estudiar inglés, creía que el consejo de mi mamá era para que me fuera y no fastidiarla con su novio, porque seguía con él. Aunque el novio de mi mamá iba a la iglesia prácticamente obligado, solo por agradarla, estaban aparentemente haciendo los cursos para casarse, pero él nunca llegaba a las citas de consejería y dejaba a mi mamá y al pastor esperando. Siempre se dormía en las prédicas y no se comprometía con Dios como mi mamá quería. Ella estaba muy desilusionada y se daba cuenta que su relación no mejoraba. De diferentes maneras Dios le estaba mostrando que tenía que acabar con esa relación. Por ejemplo, varias veces ella lo descubrió con otras mujeres, como era de esperarse, y siempre lo perdonaba. Un día en el boletín de la iglesia había una frase que decía: «Si Dios te pone un punto final en tu vida no lo conviertas en un punto y coma». Esas cosas le quedaban sonando en su cabeza, pero no era capaz de terminar con él.

Claramente un viernes en la noche, el pastor de jóvenes nos enseñó cuáles debían ser las prioridades de nuestra vida:

1. DIOS.

2. FAMILIA (como mi mamá estaba separada y no tenía esposo, mi hermana y yo seguíamos). Para los casados son sus esposos y para los jóvenes son sus papás.

3. TRABAJO O ESTUDIO.

4. SERVICIO EN LA IGLESIA.

5. AMIGOS, NOVIOS, ENTRETENIMIENTO, HOBBIES, ETC.

El novio de mi mamá estaba en el último lugar. Ella quería dejarlo pero no podía, estaba muy atada a él. Yo realmente pensé que si yo viajaba a estudiar a Estados Unidos, ella se casaría inmediatamente.

Paralelamente, mientras pensaba qué hacer antes de graduarme, en mi colegio abrieron unas inscripciones para poder participar en el *Fashion show* de ese año. Todos los grados debían escoger a quince niñas para el día del concurso intercolegial en Bogotá. La ganadora obtendría una sesión de fotos en un estudio fotográfico con el *book* y la inscripción a una agencia de modelos.

Me moría de las ganas por meterme, pero como mis papás fueron tan claros conmigo desde pequeña, ni lo pensé. En varias oportunidades me pararon en los centros comerciales, calle, supermercados, etc. por lo alta y delgada para sugerirme ser modelo. Pero siempre mis papás rechazaron las propuestas.

Sin decirle a mi mamá, a último momento me anoté en el concurso de mi colegio, pero la verdad no creí que clasificaría porque había niñas con experiencia que desfilaban súper bien. Yo nunca me había subido a una pasarela. Para mi sorpresa quedé seleccionada, y le conté a mi mamá. No le importó mucho porque pensaba que era un juego de colegio. El día del desfile llegó y la experiencia fue buenísima.

De todas las niñas de mi colegio escogieron solo a dos para la final. Una de las niñas de mi colegio quedó en el tercer puesto. A esas instancias pensé que ya no me elegirían. Las hinchadas de los otros colegios gritaban muy fuerte. Cuando anunciaron el primer puesto y me nombraron, me sorprendí mucho. Después pensé: «Me hubiera gustado que alguien estuviera conmigo, ya que nadie vino a verme, y mi mamá está enojada conmigo por ser terca».

A la siguiente semana me tomaron las fotos, y mi mamá estaba feliz, pero me aclaró que era solo por esa vez, ya que yo iría a estudiar a los Estados Unidos, y que solo tenía que pensar en eso.

CAPÍTULO 19
CONOCÍ AL AMOR DE MI VIDA Y NO SABÍA QUE ERA ÉL

Viajé a Estados Unidos, exactamente a Boca Ratón, Florida. Fue muy difícil alejarme de mi mamá, de mi hermana, de mi abuelita Gloria, de mis amigas del colegio y de la iglesia, etc. Mi papá trabajaba todo el día y solo tenía un día libre. Me sentía sola y extrañaba todo de Colombia, hasta la comida.

Comencé a estudiar inglés. Poco a poco empecé a tener amigos de mi edad que estaban en mi misma situación, recién llegados de sus países y con mucha nostalgia. Me acuerdo que lloraba mucho, pero Dios me fortaleció a través de sus promesas. Él fue mi refugio, me dio ánimo y fortaleza. También, cada vez me convencía más que tenía que quedarme estudiando en la universidad de los Estados Unidos ya que yo era norteamericana y podía tener un mejor futuro.

Las siguientes vacaciones viajé a Colombia a visitar a mi familia. Mi hermana Linda se había quedado muy sola también, porque las dos éramos muy unidas, y por lo tanto decidió involucrarse más con los jóvenes de la iglesia. Cuando regresé mi hermana organizó una reunión de bienvenida donde asistieron muchos amigos míos y algunos de ella a quienes yo no conocía, los había visto en el grupo de *Timoteos*, pero nada más. En esas vacaciones estreché amistad con muchos y me volví amiga de otros, entre ellos Giovanni.

Yo lo había visto en la iglesia desde que llegué, pero nunca habíamos cruzado palabra. Él era ayudante del líder de jóvenes y siempre estaba metido en todas las actividades. Como sabía tocar la guitarra y cantar, el pastor de jóvenes le decía que compusiera canciones de acuerdo al tema que íbamos a tratar en la reunión. Recuerdo que me impactó mucho que él hubiera inaugurado el club de los vírgenes en la época en que recibimos las prédicas sobre sentimientos, noviazgo y sexo. Con mucho entusiasmo y sin vergüenza les decía a los jóvenes que se involucraran en el grupo.

Esas vacaciones fueron súper divertidas porque hicimos un buen grupo de amigos y mil planes. Íbamos para todos lados juntos, estábamos de «*arriba para abajo*», como se dice en Colombia. En la iglesia siempre nos enseñaron a divertirnos como jóvenes: «Libertad pero santidad en el corazón». Mi mamá era la primera en estar en los planes que armábamos con todos mis amigos, le decían la mamá *Timotea*. Ella siempre nos llevaba a todos lados y nos preparaba comida. Para este momento mi mamá había terminado con su novio, aunque yo no le creía porque varias veces habían terminado y luego regresaban. Ya no sabíamos si era verdad. Igualmente la aprovechábamos y nos encantaba que no estuviera con él.

Una de las cosas que más nos gustaba hacer era ver la iluminación de navidad de toda la ciudad. En Bogotá siempre escogen parques o sectores importantes de la ciudad para iluminarla de forma muy bonita y diferente cada año. Giovanni, como estudiaba arquitectura, se sabía toda la historia de La Candelaria —ciudad antigua de Bogotá— y esa noche todos aprendimos la historia de nuestra ciudad. Después de ver los alumbrados íbamos al cine, a comer o a ver películas en mi casa… A veces le pedíamos a Giovanni que cantara sus canciones que eran «súper bacanas» y todos las sabíamos y cantábamos felices. Mi mamá le decía a Giovanni que tenía un gran talento y que iba a llegar muy lejos. Tengo una imagen muy bonita en mi mente de este momento… Una noche, mi hermana Linda comenzó a hacer de reportera y le hizo algunas preguntas a Giovanni, como si fuera un cantante famoso:

«¿Cómo se sentía antes de salir al escenario sabiendo que afuera había 30.000 personas esperando cantar sus canciones?». Giovanni le seguía el juego y le decía que estaba muy emocionado, que daría lo mejor de él. Todos en la sala de mi casa nos reíamos al verlos a los dos payasear y soñar... Giovanni con ser un cantante famoso y Linda una reportera reconocida.

Siempre que llegaban las vacaciones de *Spring break* o Semana Santa, las de mitad de año y la Navidad, viajaba a Colombia para estar con mi familia y mis amigos. Ya estaba un poco más adaptada a los Estados Unidos porque estudiaba y también asistía a una iglesia norteamericana, pero no era lo mismo, yo extrañaba mi iglesia *Casa sobre la Roca*.

En una ocasión estaba en mi casa de Bogotá con todos mis amigos viendo una película, y mi mamá me empezó a molestarme con un amigo diciéndome que yo gustaba de él y él de mí. Y ¡nada que ver! Como mi mamá me tenía cansada con sus comentarios, le dije que si alguien me llegara a llamar la atención, seguramente ese alguien tenía novia. Hice ese comentario sin pensar en lo que significaba... ya que el único del grupo con novia era Giovanni. Dios sabe que yo no tenía intenciones en mi corazón con él, no me había fijado en él como algo más que un amigo. Sin embargo, me llamaba la atención su noviazgo. Él respetaba mucho a su novia y no miraba a nadie más a su alrededor. La trataba como una princesa. Para ese momento yo tenía novio en Miami, siempre fue muy servicial, detallista, y gracias a Dios también siempre me respetó.

En esta misma época mi hermana decidió ir a vivir conmigo y mi papá a Boca Ratón, Florida, y terminar allí su bachillerato. Yo estaba súper feliz porque prácticamente fui quien la convenció. Ya no estaba solita, tenía a mi hermanita conmigo. Muy rápidamente se involucró en su nueva escuela y consiguió muchos amigos.

Al tiempo Dios cumplió mi sueño de que mi Iglesia *Casa sobre la Roca* llegara a Miami, y aunque quedaba a una hora de Boca Ratón, lugar donde vivíamos, esto no impidió que pasáramos todo el tiempo en las actividades de la iglesia. Estábamos las dos tan contentas con la llegada de la iglesia que con mucha fuerza empezamos a servir en todos los ministerios que se necesitaban, por ejemplo fui ujier, profesora de la iglesia infantil, ¡hasta estuve en la alabanza y sin saber cantar! Con esta gran alegría me sentía completa en los Estados Unidos. Estaba en el *College*, servía en mi iglesia, y Dios nos había regalado amigos muy especiales del grupo de jóvenes. Ya Colombia no me hacía tanta falta como antes, solo faltaban mi abuelita y mi mamá, quien después de diez años finalmente había terminado con el «doctor».

Durante este tiempo, muchas veces mientras yo miraba televisión, mi hermana estaba en el computador chateando. Un día me dijo: «Vanes, mira, me llegó un correo electrónico de Giovanni el de *Timoteos* de Bogotá y está re mal». Me acerqué a la pantalla y leímos el correo juntas. No podíamos creer lo que estábamos leyendo. La novia de Giovanni había dejado la iglesia, pero lo peor era que él estaba destrozado porque había terminado con su noviazgo por salir con un joven de la universidad que no era cristiano. Más tarde, a solas, le escribí un correo electrónico larguísimo diciéndole: «Fuerza Giovanni, Dios tiene alguien mejor para ti. No estés triste, espera en Dios porque te dará la mejor mujer».

No supe nada más acerca de Giovanni hasta varios meses después, que mi mamá decidió ir también a vivir a Florida e intentar ver si de pronto podía recuperar algo con mi papi de acuerdo a lo que Dios le estaba insistiendo en cuanto al tema de la restauración matrimonial. Mi mamá llegó para una navidad y nos trajo un video de nuestros amigos del grupo de jóvenes en Bogotá dándonos saludos y un concierto que habían hecho como cierre de año. Cuando comencé a verlo me di cuenta que el pastor de jóvenes le había dado la oportunidad de cantar a muchos integrantes de la alabanza de jóvenes, entre ellos a Giovanni, todos sabían que él tenía un gran talento para la composición. Ese concierto fue lo mejor. Estuvo súper emocionante, y lo que más me gustó fue ver cuando Giovanni cantaba sus canciones inéditas. ¡Un hit! Ese día todos entendieron que Dios lo iba a llevar muy lejos. Mientras veíamos el video con mi hermana y mi mamá comentábamos entre nosotras lo sencillo y buen amigo que era Giovanni, y que se merecía que Dios lo levantara en la música después de la fuerte decepción amorosa que había tenido.

Mi mamá aprovechó para contarme muy casualmente, que antes de viajar había visto a Giovanni, porque ellos eran muy buenos amigos y lo siguen siendo, para que le contara bien lo que había pasado con su ex novia y mostrarle el video del concierto porque él no lo había visto. Ella me contó que cuando Giovanni le contaba la historia comenzó a llorar, y a mi «sabia» mamá le dio tanto pesar y tristeza que decidió decirle que algún día yo había dicho que él era el único del grupo que valía la pena. Yo me puse histérica con ella y le dije que cómo me hacía eso, que no tendría cara para verlo a los ojos nuevamente, ya que él iba pensar que yo era de esas mujeres coquetas. Estaba furiosa.

El tiempo que mi mamá estuvo en Florida no sirvió para rescatar nada con mi papá, al contrario, se enamoró aún más de otro señor de la iglesia de Bogotá, vía correo electrónico y no hacían más que chatear.

Definitivamente el hombre sabe cómo engatusar a la mujer, y a veces la mujer es tan boba que cae muy fácil, con una simple frase o canción, sin conocer verdaderamente las intenciones de su corazón. Por eso jóvenes, estén alerta porque las personas se pueden disfrazar de algo que no son. Forman parte de los típicos lobos disfrazados de ovejas que abundan en las iglesias, y ni hablar de los que están fuera de las iglesias… ¡Cuidado! Tristemente mi mami regresó a Bogotá. Y a los pocos días yo viajé también para estar con ella y pasear por por mi país.

CAPÍTULO 20
LOS CUENTOS DE HADAS EXISTEN… ¡PERO SOLO EN DIOS!

Al llegar nuevamente a Bogotá, al primero que vi desde adentro del aeropuerto, fue a Giovanni. La verdad que me sorprendí mucho al verlo. También estaban mis amigas del colegio y obviamente mi mamá.

Lo primero que se me vino a la cabeza fue el comentario que mi mamá le había hecho a Giovanni de mí, y sentí mucha vergüenza porque no quería que él pensara que me gustaba. Apenas lo saludé, lo primero que le dije es que no fuera a pensar que el comentario que yo le hice a mi mamá era literal, sino que había sido un comentario suelto. Gracias a Dios él lo tomó bien y no le puso mucha atención.

Esas vacaciones fueron diferentes porque ya no estábamos todos los del grupo de siempre. Algunos estaban fuera del país, y otros, como la ex novia de Giovanni, ya no estaban en la iglesia. Siempre que viajaba a Colombia lo primero que hacía era ir al odontólogo y al médico. En una de esas ocasiones, dos horas antes de la cita odontológica, llegó Giovanni a la casa de mi abuelita, cuando abí la puerta y lo vi me sorprendí nuevamente. Él inmediatamente me dijo que mi mamá le había pedido que por favor me acompañara a la cita, porque ella no podía. Me sentí un poco incómoda de ir sola con Giovanni, así que llamé rápidamente a mi primo Leo y le rogué que me acompañara para no estar sola con él. Esto lo hacía para guardar mi corazón, no me quería ilusionar o exponerme a cualquiera, me daba miedo. La Palabra de Dios dice: «Por sobre todas las cosas cuida tu corazón, porque de él mana la vida». Los jóvenes suelen cuidar todo lo que tienen: su carro, su ropa, su imagen, todo, menos lo más valioso, su corazón. Estuvimos toda la tarde los tres, y cuando regresamos a la casa le pregunté a mi mama por qué presionaba para que Giovanni estuviera conmigo. Ella me miraba y se reía.

A los pocos días fui al grupo de jóvenes y vi a Giovanni corriendo con los de su grupo en una actividad. Sentí algo raro en el pecho cuando lo vi, pero no le puse mucha atención y me uní a ellos. Cuando terminamos, escuché que algunos jóvenes estaban preparando un viaje a Bucaramangapara ver a Marcos Witt en concierto. Cuando los escuché les dije que yo quería ir porque tenía un pasaje abierto para viajar dentro del país.

Ocho chicos del grupo de jóvenes fuimos al concierto de Marcos, entre ellos mi prima Jenny y Giovanni. Como ellos fueron por tierra, fue un viaje largo, de más de ocho horas. Yo gracias a Dios llegué en 40 minutos y temprano por la mañana, mientras todos viajaron durante la noche.

Cuando llegamos no sabíamos adónde íbamos a quedarnos, entonces fuimos a la iglesia *Casa sobre la Roca* en Bucaramanga (mi iglesia tiene más de 30 congregaciones por toda Colombia y Latinoamérica), donde el pastor Mario nos buscó alojamiento. Una joven *Timotea* del grupo de jóvenes nos hospedó en su casa. Las niñas dormíamos arriba y los muchachos abajo. Gracias al pastor tuvimos donde quedarnos.

El día estaba hermoso, había mucho sol, pero de repente mientras hacíamos la fila para ingresar al concierto, comenzó a caer un aguacero terrible. Llovió tan fuerte que abrieron las puertas del coliseo antes y llegamos empapados a nuestro lugar. A mí no me tocaba al lado de Giovanni, pero por el desorden quedé junto a él. Mientras esperábamos que comenzara el concierto me peinaba, ya que por la lluvia se me había enredado todo el pelo. En ese momento me di cuenta que Giovanni me miraba muy disimuladamente. A mí comenzaron a volarme mariposas en el pecho, pero yo las ignoraba... No me quería ilusionar. El concierto estuvo espectacular, cantamos todas las canciones viejitas de Marcos Witt que me encantaban. Al final cuando estábamos cantando «Gracias», Marcos pidió que nos tomáramos de las manos y orásemos por la persona que tuviéramos al lado, que la miráramos a los ojos y digamos: «Le doy gracias a Dios por tu vida». Mientras yo se lo decía a Giovanni, empecé a sentir el triple de mariposas, pero esta vez no las ignoré. Tenía las manos sudorosas y no quería dejar de mirarlo. Ese momento fue el más largo de mi vida y el más nervioso, porque me di cuenta que me gustaba Giovanni. De ahí en adelante me desconecté del concierto, veía cómo todos aplaudían en cámara lenta y sin sonido. Empecé a pensar y a ir hacia atrás, y me di cuenta que Giovanni cumplía todas, absolutamente todas las características de mi príncipe azul. Aquellas que yo había escrito en mi lista, cuando hice mi pacto con Dios: «Giovanni es un guerrero de Dios, es muy dulce y detallista, es mechudo y de ojos grandes, es luchador y virgen». Me quedé fría por unos minutos. No podía creer que Dios me hubiera mandado al hombre de mi vida tan rápido. Yo pensaba que faltaba muchísimo, ya que todavía era muy joven y no estaba pensando en el matrimonio, porque en ese momento estaba empezando la universidad, pero muy adentro sabía que Giovanni sería el papá de mis hijos.

Al salir del concierto ya no podía ver a Giovanni con los mismos ojos, tenía vergüenza y no sabía si él estaba sintiendo lo mismo. Ese día no pude dormir ni dejé dormir a mi prima en toda la noche, le decía: «Me gusta, me encanta, es el hombre de mis sueños... estaba tan cerca de mí y no me había dado cuenta». La tenía cansada, toda la noche le repetía lo mismo y le decía que me ayudara a orar porque lo que menos quería era actuar en mi carne o en mi propia sabiduría. Al otro día, los *Timoteos* de Bucaramanga nos invitaron a una finca súper linda con piscina para pasar allí todo el día. Durante el camino todos empezaron a molestarnos a Giovanni y a mí, y nos cantaban una canción que estaba de moda en la que acomodaban mi nombre como si la canción original fuera así: «Me gusta Vanessa, me gustas tú», le cantaban a Giovanni todo el tiempo, jajajá. Los dos estábamos rojos de la verguenza. Llegamos a la finca y muchos jóvenes de Bucaramanga nos decían que hacíamos bonita pareja, y nosotros sonrojados, nos mirábamos pero no decíamos nada. Cuando estábamos en la piscina yo le dije a Giovanni: «Es muy loco los que está pasando». Él entonces me preguntó «¿A qué te refieres?». Yo no le quería contestar porque me daba pena tomar la iniciativa, ya que siempre escuché en las prédicas que las mujeres tenemos que ser halladas, porque por eso la Biblia dice «Mujer ejemplar, ¿dónde se hallará?». Nosotras, las mujeres, no tenemos que estar buscando a los hombres y ser molestas detrás de ellos, porque tenemos que ser halladas. Pero de repente sentí un impulso que no venía de mí sino de Dios, ya que yo siempre ponía una brecha con los hombres, y le dije: «Yo me veo casada contigo». Me tapé la boca y pensé: «Dios mío, ¿qué acabo de decirle a este hombre?». Pero lo más raro de todo fue que sentía una paz impresionante. Prácticamente me le había declarado a Giovanni, yo, la más amargada y prevenida con los hombres. Definitivamente era algo de Dios, porque en mis fuerzas nunca lo hubiera hecho. Empezamos a hablar largo y tendido en una tarde hermosa, con un sol espectacular, un cielo despejado y montañas que nos rodeaban. Giovanni me expresó que sentía lo mismo por mí y en ese momento pensé: «Dios, eres fiel y todo lo haces perfecto». Lo único que yo hice fue entregarle mi corazón a Dios, él lo guardó durante todo ese tiempo en sus manos, el único lugar donde nuestro corazón está seguro.

Estoy segura que cuando Dios vio a Giovanni dijo: «Este es el mejor candidato para mi hijita Vanessa», y tomó mi corazón y se lo entregó a él. Yo no se lo entregué directamente a Giovanni, fue Dios quien lo hizo. Es un triángulo perfecto.

JESÚS

GIOVANNI   **VANESSA**

Esa noche regresé a Bogotá, y ellos lo hicieron al otro día en la madrugada. Cuando vi a mi mamá, estaba triste y le dije con cara de tonta:

— **Llegué enamorada.**

— **¿De quién? ¿de Dios?, —me preguntó.**

— **De Dios hace rato. Estoy enamorada ¡de Giovanni mami!, —le respondí.**

Ella se rió y me dijo:

— **Ya lo sabía, me gusta mi yerno.**

Ella intentaba decirme algo más, pero al verme tan feliz prefirió contármelo más tarde.

Al otro día temprano nos fuimos a Sogamoso, a dos horas de Bogotá, con mi abuelito. Yo estaba enojada, no quería ir porque había quedado con Giovanni que lo llamaba al medio día para vernos, pero no pude dejar de ir porque mi mamá inventó este paseo familiar. Ya era tarde y no había podido llamarlo a su casa. En esa época nadie tenía celular. Finalmente logré llamarlo súper tarde, y cuando escuché su voz, literalmente me derretí. Quería verlo con todas las fuerzas de mi ser... Estaba muy enamorada, o simplemente super enamorada, jajajá.

En un día el amor creció de una manera loca. Apenas colgué estaba feliz porque por primera vez estaba enamorada de verdad y se sentía bonito. Cuando estábamos en Bucaramanga escuché que Giov hablaba con Julián, uno de sus amigos, diciéndole que estaba ahorrando para comprarse la camisa de Colombia (Giovanni es apasionado por el fútbol colombiano). Mientras estaba en Sogamoso con mi mami y abuelo, pasé por una tienda y en la vitrina estaba esa camisa que él tanto quería. No lo pensé dos veces, la compré y se la llevé de regalo.

Al otro día nos vimos en la iglesia porque él estaba ensayando con los de la alabanza, y cuando lo saludé, el amor nos salía por los poros. No sé cómo describir mejor cuán enamorados estábamos. Cuando le di la camisa casi se muere de la sorpresa. Se puso súper feliz. No lo podía creer. Ese día por primera vez fuimos solos a comer y hablamos un montón. Nos reímos de bobadas como siempre. Los dos sabíamos que éramos el uno para el otro.

CAPÍTULO 21

¿QUÉ TENÍA ÉL QUE NO TENÍAN LOS OTROS?

Lo que más me llamó la atención de Giovanni fue que nunca demostró interés por mí. Me trataba como una verdadera amiga y sin interés de ir más allá. Todos los hombres que se me acercaban lo hacían con doble intención, hasta los cristianos, no eran naturales, siempre se ponían un disfraz de conquistadores para enamorarme, y no para ser verdaderamente mis amigos. Yo sabía y presentía las intenciones de esas personas y les manifestaba rápida y radicalmente mi desinterés. A veces les daba tanta rabia que no les pusiera atención que inventaban chismes. En cambio Giovanni fue desde el principio súper natural y sin interés, porque era igual conmigo, con mi hermana, con mi mamá y con todas las muchachas de la iglesia. Él no se enamoró de mi físico sino de mí, por lo que yo soy.

Definitivamente antes del noviazgo tiene que haber una amistad verdadera. Lo mejor es que las parejas sean amigos, porque así las personas se presentan tal y como son, y no se corre el riesgo de que se pongan máscaras. Es necesario conocerse. Siempre cuando un joven se te quiera acercar va a mostrar su mejor cara, y después va a mostrar su verdadera personalidad. Cuando uno quiere al amigo, lo quiere con sus defectos y cualidades. Lo acepta tal y como es, por eso Giovanni me gustaba tanto. Lo conocía perfectamente, sabía cómo actuaba en ciertas situaciones, lo que le gustaba, le molestaba, le daba miedo, etc.

Así fue como empezamos a orar, y ya estaba ese amor que creció locamente. Cada uno sabía que la respuesta era un «Sí». El problema era cómo iba a ser nuestro noviazgo, ya que estaríamos separados la mayoría del año por más de que yo viajara en mis vacaciones. No sería fácil. Teníamos que estar muy seguros al tomar la decisión, porque íbamos a enfrentar un tiempo muy duro. Oramos, oramos, oramos y oramos, y definitivamente Dios nos dio el total aval a nuestra relación. Sabíamos que nuestro noviazgo tenía visión de matrimonio, ya que él era el hombre de mi vida y viceversa.

Joven, si tu noviazgo no tiene visión de matrimonio, ¿a qué estás jugando? Yo sé que suena duro y un poco pasado de moda según los últimos modelos que nos enseña el mundo, pero como nosotros no somos del mundo entonces no debemos hacer caso a este tipo de presiones. La Palabra de Dios nos enseña que guardemos el corazón... ¿Y para qué guardar el corazón? Pues para protegerte de los problemas sentimentales. Guarda tu corazón para Dios y para tu esposo o esposa, porque si no lo haces el único que pierdes eres tú.

Cuando mi papá me decía que no podía tener novio hasta graduarme de la universidad me parecía una exageración, pero ahora entiendo por qué lo dicen los papás, porque es mejor ponerse de novio con el que va ser tu esposo o esposa, y no exponer a que maltraten tu corazón. Hay personas que no toman el noviazgo en serio, y por eso hay tanta gente herida sentimentalmente y con el corazón roto. Simplemente pierden la capacidad de amar, que es tan bonito, porque no hacen las cosas bien.

Antes de Giovanni tuve solo un novio en serio, pero con Giovanni por primera vez sentí el amor y descubrí lo que es amar. Dios derrama de su amor en nuestro corazón para que podamos amar verdaderamente, por eso nuestro amor es puro y verdadero, porque viene de Dios.

Me hubiera gustado que mi primer beso hubiera sido con Giovanni, lo mismo con la primera tomada de manos, la primera ida al cine, a comer, etc. Bueno... ni hablar de los famosos amigovios (amigos + novios) que no son ni amigos ni novios, ni frío ni caliente. La mayoría de los hombres no van a querer comprometerse contigo, por eso, si tú mujer dejas que te tomen la mano y te den besos antes de ser oficialmente novios, van a jugar siempre contigo y a maltratar tu corazón.

También, si eres cristiano debes tener cuidado mientras oras durante el proceso para ser novios, ya que algunos se pasan de los límites y se dan besos y se toman de las manos cuando aún no tienen la confirmación de parte de Dios. Debemos ser radicales en la vida. Todo tiene su tiempo, y hay que vivir cada etapa como es, de lo contrario ocurren desastres y después nos quejamos.

Cunado faltaban ocho días para viajar a mi casa en Boca Ratón, Florida, mientras estábamos en la casa de mis primos, Giovanni, el amor de mi vida, me pidió que fuéramos novios. Fue una noche súper linda. Sentía que la mano de Dios estaba en medio de nosotros. Este era un sueño hecho realidad.

PARTE TRES

EL NOVIAZGO DEL ROCKERO Y LA MODELO

POR VANESSA Y GIOVANNI

CAPÍTULO 22

PRIMERA PRUEBA DE FUEGO: EL NOVIAZGO A DISTANCIA

Es muy importante en las relaciones tener en cuenta la opinión de nuestros padres y líderes de la iglesia. Nuestros padres estaban tranquilos con esta relación, pues sabían que Dios nos uniría o nos separaría en la distancia, y que él tendría el control de nuestros corazones, así que nunca se opusieron a nuestra decisión. Los líderes de ambos en las iglesias locales también la vieron con buenos ojos, aunque tenían muchas expectativas en cuanto a cómo llevaría Dios nuestros sentimientos, y si seríamos capaces de soportar la realidad de estar tan lejos.

La Palabra de Dios dice en Zacarías 13:9 que el oro se prueba pasándolo por el fuego para ser refinado. Tener un noviazgo de lejos es una prueba difícil, pero definitivamente necesaria para que Dios sea el que demuestre su voluntad. Estar de novios a la distancia fue más duro de lo que nos imaginábamos. Los últimos días que pasamos juntos en Bogotá fueron para compartir al máximo, sentíamos que comenzábamos a vivir un cuento de hadas, pero no sabíamos realmente a qué nos enfrentábamos. Esta prueba fortaleció nuestra relación con Dios y preparó nuestro amor para el matrimonio.

Tener un noviazgo de lejos significa que vas a pasar muchas horas en el teléfono, que era todo para nosotros, especialmente nuestros ojos, nuestra boca y nuestros brazos. Pero un teléfono funciona porque una compañía local te presta el servicio, para eso debes tener dinero y trabajar. En conclusión, una relación de lejos necesita mucho dinero. Por este motivo había que comenzar a trabajar. Esta fue una de las primeras cosas que aprendimos, que el amor es responsable. Podríamos interpretar «el amor es sufrido» (uno de los significados del amor de 1 Corintios 13) como que el amor está comprometido y tiene obligaciones. Por ejemplo, Vanessa empezó a trabajar de *Babysitter* (niñera), de *hostess* (anfitriona) en restaurantes, y en ocasiones de modelo. Giovanni comenzó a trabajar como profesor en un colegio cristiano, y en ocasiones como arquitecto, mientras esperaba su graduación. Al mes, las cuentas telefónicas de ambas casas comenzaron a llegar altísimas. Nuestros padres se enojaron con nosotros porque según ellos estábamos abusando del teléfono, pero es que ellos no sabían que para nosotros el teléfono era saber del otro todo el tiempo, era contarnos cada detalle de lo que habíamos hecho en el día, era consentirnos con palabras y terminar haciendo una oración para pedirle a Dios fortaleza.

Casi todo el dinero que ganábamos lo gastábamos en tarjetas telefónicas de larga distancia. El poco dinero que ahorrábamos era para comprar el pasaje o boleto de avión de Vanessa hacia Colombia, pues Giovanni no tenía visa para visitar los Estados Unidos. Además si quedaba algo de dinero era para poder salir juntos a un restaurante, al cine, o para algún detalle o regalo. A esto hay que sumarle que desde antes que fuéramos novios pensábamos en casarnos, y con tanto gasto ¿cuándo íbamos a ahorrar para el matrimonio? Si la visión de nuestro noviazgo era el matrimonio, entonces debíamos administrar mejor el dinero y sacrificar varias cosas para poder avanzar en esta área hacia donde queríamos llegar juntos.

En estos momentos comenzamos a entender más a nuestros padres en cuanto a saber administrar los servicios que ellos pagaban en la casa donde vivíamos, por eso nos regañaban si dejábamos la luz o el computador encendido, o si hablábamos mucho tiempo por teléfono, etc.

El estar lejos también nos llevaba a pensar mucho en la otra persona: «¿Qué estará haciendo? ¿Estará pensando en mí? ¿Cuándo nos volveremos a ver? ¿Hasta cuándo tendremos que estar así? ¿Será que Giovanni vendrá a vivir a Estados Unidos? ¿Será que Vanessa volverá a vivir en Colombia? ¿Quién tendrá que sacrificar el estar lejos de su familia?». Pensábamos un montón de cosas a diario, pero esto nos llevaba a tomarnos de la mano de Dios una vez más, pues de lo contrario nos podríamos llenar de desánimo, tristeza, frustración o ansiedad. Comenzamos a entender que el amor es paciente y todo lo espera, y no podíamos dejar que nuestro corazón se afanara, sino que debíamos confiar en que Dios tenía el control de todo y que si no estábamos juntos no era el momento, no era el tiempo y debíamos deleitarnos en su voluntad.

Obviamente, como estábamos lejos teníamos mucho tiempo para orar y pensar sabiamente las cosas junto a Dios. En medio de este momento de aprendizaje, por medio de nuestros líderes de la iglesia aprendimos enseñanzas que nos llevaron a encaminar muy bien nuestra relación desde el principio.

Aprendimos dos fórmulas para tener en cuenta al inicio de una relación sentimental, que son ecuaciones para manejar sabiamente nuestro corazón: «Antes de ir adelante debes revisar atrás» y «Antes de ir arriba debes ir abajo». Suenan algo extrañas, pero permítenos explicarte ambas fórmulas.

1. «ANTES DE AVANZAR HACIA ADELANTE DEBEMOS REVISAR ATRÁS».

Cuando sales de viaje con tu auto, antes de comenzar a avanzar kilómetros y kilómetros, es importante revisar que el auto esté en buenas condiciones para el viaje. Debes chequear que el motor, las llantas, la gasolina y que la llanta de repuesto esté en buen estado. También se debe controlar que el equipo de carretera esté en condiciones, por si hay una eventualidad, o el botiquín por si alguien se marea. Esta primera clave se refiere a la SANIDAD INTERIOR en el corazón de cada uno.

2. «ANTES DE SEGUIR HACIA ARRIBA DEBEMOS REVISAR ABAJO».

Es la segunda fórmula. Esta es como cuando edificas una casa. Antes de construir los pisos superiores o la cubierta, es importante tener unos buenos cimientos o bases para que sostengan toda la construcción. Esta segunda clave se refiere a los CIMIENTOS de la relación que estamos construyendo.

CAPÍTULO 23

PARA PODER AMAR PRIMERO DEBES SANAR TU CORAZÓN

Muchas veces nos preguntamos por qué no llega el amor de nuestra vida, y es porque aun nuestro corazón no está listo, no está limpio, no está sano. En otras ocasiones nos preguntamos por qué cierta relación que tuvimos no funcionó, y muchas veces es porque no tenemos un corazón listo para amar.

Esta sanidad interior de la que hablamos no solamente tiene que ver con las heridas amorosas que nos causaron las relaciones sentimentales del pasado sino que tiene que ver con las heridas que nos han causado a lo largo de toda nuestra vida, desde que nacimos. Es increíble ver cómo nuestra forma de ser, de actuar y de comportarnos, tiene que ver con nuestro pasado y con lo que lo afectó positiva y negativamente nuestra vida.

Hemos tenido la oportunidad de hablar con muchos jóvenes cristianos y no cristianos en cuanto a estos temas y nos damos cuenta que un común denominador es que sus relaciones tienen fallas porque no tienen un corazón sano o porque tienen miedo a amar. Ante esto crean una coraza consciente o inconscientemente que les impide ofrecer verdadero amor, aun cuando a su lado está la persona que Dios tiene para ellos.

Cuando revisamos nuestro pasado nos damos cuenta que han habido falencias y problemas, en algunas ocasiones por la falta de amor de nuestros padres, por haber sido testigos de divorcios, porque tal vez nunca conocimos a uno de los dos, o en casos especiales a ninguno. Quizás porque fuimos rechazados por nuestros amigos del barrio, de la escuela, de la universidad, del trabajo, o porque en los noviazgos anteriores nos fueron infieles y jugaron con nuestros sentimientos al partir nuestro corazón. Tal vez fuimos abusados o maltratados, y esto nos llevó a tener una autoestima baja. Por lo tanto, cuando nuestro corazón se enamora y quiere darlo todo, no puede porque está desgastado y golpeado.

Hay tres cosas que debemos hacer para ser sanos de tantas heridas que hemos recibido:

La primera es **RECIBIR** EL AMOR DE DIOS. La muestra más grande de amor que tenemos de parte de Dios es cuando le abrimos las puertas de nuestro corazón a Jesús. Aceptar que Dios buscó al hombre a través del sacrificio de amor que hizo Jesús en la cruz del calvario, que hemos vivido separados de Dios a causa del pecado y de la ignorancia, y sentirnos verdaderamente arrepentidos por esto es lo que nos lleva a darle una morada a la luz de Dios en nuestra vida.

La segunda es **PERDONAR** A QUIENES NOS HAN HECHO DAÑO. Jesús nos enseñó a perdonar a través del sacrificio en la cruz y nos demostró que no hay un acto de amor más grande que el perdonar a otros. Además, en la oración que Jesús nos dejó como modelo nos enseñó a decir: «Perdona el mal que hacemos, así como nosotros perdonamos a los que nos hacen mal» (BLS). El perdón es fundamental para sentir que nuestro corazón se sana, pues de lo contrario vamos a seguir llenándonos de malas motivaciones en contra de los que nos hirieron. Continuaremos en amargura y resentimiento, y esos sentimientos producen deseos de venganza o justicia por nuestras propias manos. Eso solo traerá más vacío a nuestra vida y en consecuencia más daño a nuestro corazón. Así que es muy importante perdonar a los demás. Un corazón que no sabe perdonar es un corazón que desafortunadamente se va a perder la bendición de amar verdaderamente. Es triste ver que algunos pasan toda una vida en amargura porque nunca se decidieron a perdonar. Así que te animamos a cortar con las cadenas de la falta de perdón y a ser libre para experimentar el amor verdadero.

Lo tercero y último que debemos hacer para sanar nuestro corazón es tener clara nuestra **IDENTIDAD** EN CRISTO. Esto significa saber quiénes somos, según lo que dice la Palabra de Dios de nosotros. Muchas personas creen lo que la gente o la sociedad dice de ellos, y rigen su estilo y forma de vida de acuerdo a las modas o el criterio del hombre, e ignoran que como producto de Dios, pues fuimos hechos por sus manos, tenemos una identidad que solamente la encontramos en él. Recordemos que por no saber quiénes somos, nuestro corazón termina manejándonos, cuando el derecho de las cosas debe ser lo contrario, y nosotros debemos manejar las riendas de nuestros sentimientos. Un consejo que te damos es que no escuches el concepto que el hombre tiene de ti sino el concepto que Dios tiene de ti, según lo dice en su Palabra. Pero para saber esto es indispensable que leas la Biblia y descubras quién eres, o nunca lo sabrás.

CAPÍTULO 24

LOS SENTIMIENTOS DEBEN TENER BUENOS CIMIENTOS

Hay un pasaje de la Biblia en Mateo 7:24-27 que nos habla sobre el hombre prudente y el hombre insensato y dice: «Por tanto, todo el que me oye estas palabras y las pone en práctica es como un hombre prudente que construyó su casa sobre la roca. Cayeron las lluvias, crecieron los ríos, y soplaron los vientos y azotaron aquella casa; con todo, la casa no se derrumbó porque estaba cimentada sobre la roca. Pero todo el que me oye estas palabras y no las pone en práctica es como un hombre insensato que construyó su casa sobre la arena. Cayeron las lluvias, crecieron los ríos, y soplaron los vientos y azotaron aquella casa, y ésta se derrumbó, y grande fue su ruina».

Si tomamos literalmente la enseñanza entonces aprendemos que es sabio contratar a un arquitecto al momento de construir nuestra casa, pero si la aplicamos a nuestra vida y sentimientos entonces nos damos cuenta que es muy importante cimentarla sobre buenas bases, para que cuando vengan las lluvias, las tormentas y los problemas podamos resistir, no vamos a derrumbarnos ni a caernos.

Aprovechamos el momento para hacerte un llamado a la prudencia y a la sabiduría, pues se trata de tu vida, de tu felicidad. Si la sabes encaminar y construir paso a paso y ladrillo a ladrillo, no pasarás a la ligera el cavar profundo para poner los mejores fundamentos en tus sentimientos. Si colocar los fundamentos de una casa toma días y semanas, y los de un edificio toma meses, cuánta más importancia debemos brindarle a nuestros sentimientos, a nuestro corazón. En Proverbios 4:23, la Palabra de Dios dice que del corazón mana la vida.

Al mantener un noviazgo de lejos pudimos darnos cuenta que eran varios los cimientos que debíamos poner para construir una buena relación para que día a día se fortaleciera y fuera llegando a una madurez para alcanzar el matrimonio. De estos cimientos o bases que identificamos les vamos a compartir a continuación:

EL CIMIENTO DEL GRAN MANDAMIENTO

Amar a Dios sobre todas las cosas es una parte del gran mandamiento que nos dejó Cristo. El amar a Dios debe ser el primer cimiento y el primer material en cada cimiento. Si somos recíprocos al amor de Dios entonces podremos amar a nuestro prójimo, pues si nuestro corazón está lleno del amor de él entonces ya tenemos el material para amar a los demás, de lo contrario no tenemos qué entregar. Es importante que estemos tan llenos de Dios que su esencia haga rebosar el vaso que somos. Algunas personas sienten que no tienen amor para dar, y esto puede ser verdad si en su corazón no brota la fuente de agua de vida que solo da Jesús.

Todos nacemos con un gran vacío en nuestro corazón que durante la vida queremos llenarlo con muchas cosas como el dinero, los viajes, la familia, el éxito, la pareja, etc., pero a medida que logramos más cosas nos damos cuenta que ese vacío no se llena, y nada lo satisface. Entonces descubrimos que ese vacío solo puede ser llenado por Dios porque tiene su forma, y solo él puede llenarlo.

Por otra parte es importante que sepas que uno de los propósitos por los que fuimos creados por Dios fue para adorarlo, y esto se demuestra amándolo y obedeciendo su Palabra. Dios también siente celo por los que ama y por los que lo aman, entonces es importante que nada ocupe el trono de nuestro corazón, solo Dios debe ser el centro de todo.

A pesar de que el amor que había entre los dos crecía cada día, cuando estábamos lejos sentíamos que crecía mucho más, sin embargo nunca permitimos que ese amor fuera mayor al que le tenemos a Dios. Esto nos llevó a darnos cuenta que debíamos esforzarnos para que la llama del amor entre Dios y cada uno de nosotros se avivara más. De esta manera aprendimos que como Dios es la fuente inagotable del amor, entonces mientras dependiéramos de él, nunca faltaría el amor en el noviazgo.

EL CIMIENTO DE LA CONFIANZA

Nuestra confianza debe estar siempre puesta en Dios antes que en las personas. Cuando estamos dentro de la voluntad de Dios debemos tener la seguridad de que él hace lo mejor para nosotros, y nunca va a jugar con nuestros sentimientos. Cuando depositamos nuestra confianza en los hombres tenemos la incertidumbre de saber si alguna vez nos van a fallar y terminarán jugando con nosotros y nuestros sentimientos. Muchas personas cometen el error de confiar en su pareja. Esto solo los expondrá al dolor y a la tristeza, pues por su naturaleza los hombres siempre nos fallarán, en cambio Dios nunca falla. ¿Por qué estamos tan seguros de esto? Porque pudimos experimentar seguridad y confianza cuando decidimos entregarle nuestro corazón a Dios y no a nuestra pareja. Sabemos que Dios lo va a cuidar y no lo va a exponer a malas cosas. Debes estar siempre velando para que tu corazón esté en las mejores manos. Antes de confiar en el otro debemos saber que nuestro corazón está firme en las manos de Dios y en él descansa.

Nosotros empezamos teniendo una relación a distancia. El concepto del mundo para este tipo de relaciones es «amor de lejos felices los cuatro» o «amor de lejos, amor de tontos», y juntos descubrimos que una vez más el mundo dice mentiras y con sus dichos nos presiona a tener malas ideas.

Nosotros experimentamos que si un dicho puede caber en una relación a distancia es «amor de lejos, amor de tres; ella, él y Jesús», pues si Jesús no está en medio de la relación es muy fácil darle cabida a la desconfianza, a los celos, a las peleas, a la tentación, etc.

En vez de estar preocupados por saber del otro y estar súper preocupados llamándose en todo momento, debemos usar nuestro tiempo para buscar de Dios, pues es el único que regalará paz a nuestros sentimientos. Los celos son estimulados por la desconfianza. Aunque sentir celos es algo normal entre dos personas que se aman, y en ocasiones se ven de buena manera cuando son para demostrar que la otra persona nos importa tanto que queremos que sea solo nuestra. Pero no es normal que esos celos lleven a la ira, a las peleas, a sentir que uno es dueño del otro, a bajar nuestra autoestima, a llenarnos de miedos e inseguridades. Esos celos son destructivos y solo demuestran que nuestra mirada no está puesta en Dios sino en los hombres y lo que debemos hacer es llevar nuestros ojos al cielo y entender que lo más conveniente es enfocarnos en lo espiritual para mejorar lo terrenal. La confianza nuestros sentimientos afianza.

EL CIMIENTO DE LA DISCIPLINA ESPIRITUAL

En algunas ocasiones dentro de nuestra relación tuvimos momentos difíciles en los que nos sentíamos solos. Esto nos llevaba a estar tristes y deprimidos, quizás porque llegaba el aniversario y estábamos lejos uno del otro, o de pronto alguno de los dos cumplía años y nos encontrábamos separados.

Vanessa se graduó de Comunicadora Internacional en una universidad de Boca Ratón, Florida, y Giovanni se graduó como Arquitecto en Bogotá, Colombia. Ninguno de los dos pudo acompañar al otro en ese momento tan importante de la vida. Este tipo de situaciones eran difíciles de enfrentar, pues sabíamos que si no descansábamos en Dios entonces íbamos a pasar un día o una semana tristes.

Una relación de lejos te lleva a tener una disciplina espiritual fuerte, porque dee lo contrario los malos sentimientos te pueden tomar fácilmente y hacerte pasar un mal rato. Estas disciplinas son: la oración, la lectura bíblica y el ayuno. Una relación de lejos o de cerca que no contenga estas sanas costumbres es presa fácil de todo lo malo que se puede acercar al amor. La oración te trae paz, la Biblia te da identidad y el ayuno te renueva las fuerzas. Así que es necesario volver a estos hábitos y costumbres como disciplina.

En algunas ocasiones decidíamos inventar otro tipo de disciplinas para no caer en la monotonía. Por ejemplo inventábamos estudios bíblicos sobre algún tema, y luego de un tiempo, cada uno le exponía por teléfono al otro lo que había aprendido o investigado. También hacíamos el ejercicio de escuchar prédicas que alguno de los dos sentía que edificaban la relación y juntos hacíamos trabajos escritos, los cuales luego leíamos para recordar lo que entendíamos de esa prédica. De esta forma, poco a poco fuimos creando disciplinas que al momento de enfrentar los malos momentos nos daban las herramientas para salir bien librados. Las disciplinas espirituales son indispensables para que tu relación siga viva y encendida.

EL CIMIENTO DE LA COMUNICACIÓN

Como nuestra relación era a distancia, solo podíamos hablar y hablar durante el día, las semanas, los meses y los años de nuestro noviazgo. Era durísimo estar lejos, pero le damos gracias a Dios por llevarnos a tener una buena base en la comunicación, pues no hay nada como saber del otro, conocer lo que le gusta, lo que no, saber cada detalle de su vida, de su familia, de su pasado, de su presente, de su futuro.

El hablar no solamente te enseña a expresarte o a comunicarte, sino también te enseña a escuchar. A veces eso es lo que le hace falta a la pareja, no solamente que lo escuchen sino aprender a escuchar al otro. Juntos gastamos una fortuna en teléfono, en tarjetas de llamada a larga distancia. En nuestra época, hace ocho años, no había computadoras con chat gratuito, ni teléfonos móviles con red inalámbrica para internet, ni Twitter, ni Facebook, no había internet como hoy en día, por lo tanto pasábamos horas y horas chateando. Luego horas y horas por el teléfono hablando. Siempre estábamos en contacto.

Vanessa fue quien le abrió a Giovanni su cuenta de Hotmail para que pudieran enviarse correos electrónicos. Esto fue chistoso, porque como el correo era de «Hotmail», Giovanni pensó que tenía algo que ver con páginas con contenido adulto. Jajajá. Vanessa le enseñó a Giovanni a usar el chat, y lo involucró con la tecnología. Muchas veces ignoramos las herramientas que Dios pone a nuestro alcance para llevar una carga más ligera. Gracias Dios por el correo electrónico y el internet, de lo contrario sería aun más difícil mantener una relación a la distancia, pues no nos imaginamos enviando telegramas o cartas por correo tradicional, aunque nunca dejamos de aprovechar cuando algún familiar o amigo viajaba y nos escribíamos una carta o enviábamos algún regalito para el otro. De igual forma, el correo electrónico, los chats y las camaritas nos ayudaban bastante para seguir cultivando nuestro amor. La buena comunicación mejora tu relación.

EL CIMIENTO DE LA SANTIDAD

Una de las ventajas de estar lejos fue que no teníamos contacto físico, por lo tanto casi no le dábamos oportunidad a la carne, que es una de las fuentes de problemas en un noviazgo. La carne trae celos, pleitos, desconfianza y sobre todo mata el amor verdadero.

Aléjate de la carnalidad con el dominio propio. La atracción física que teníamos el uno por el otro era total, pero siempre en la iglesia nos enseñaron que no había que darle oportunidad a la carne, por lo tanto corríamos, huíamos. Era importante poner límites en este plano.

Por lo general, cuando Vanessa llegaba a visitar a Giovanni no se quedaban solos, no se besaban tan apasionados, trataban de guardar distancia de sus cuerpos y no se daban abrazos por detrás (sobre todo el hombre detrás de la mujer). Tampoco Vanessa se sentaba en las piernas de Giovanni.

Estos *tips* deberías imitarlos si te importa que el amor verdadero haga presencia en tu relación. Les hacemos un llamado de alerta a los novios y novias para que estén pendientes de cómo actúa su compañero sentimental, y si no le importa sobrepasar estos límites, entonces la verdad es que no le importa el amor que hay entre ustedes. Lo que realmente quiere es entrar en terrenos peligrosos, donde seguramente ambos van a salir dañados.

Hay muchas diferencias entre los hombres y las mujeres en cuanto a la sexualidad y a cómo reaccionan las hormonas frente a algunas situaciones que se presentan. Por eso hay que tener claro que la mayoría de las veces las mujeres son mucho más inocentes y los hombres más mal intencionados. Por eso le sugerimos a las niñas no dejarse abrazar por detrás por ningún hombre, y mucho menos ir a sentarse en las piernas de él. Por favor, dejen de pensar que los hombres razonan como ustedes.

Las mujeres también deben tener cuidado con su manera de vestir y de cómo usan su ropa, pues esto puede activar la carne en un hombre, y pueden caer en el juego de la seducción sin darse cuenta. ¡Pilas! No jueguen con candela porque seguro se van a quemar. Este tipo de acciones en público o en privado dejan mucho que desear de las parejas que tienen la costumbre de hacerlo.

Muchos jóvenes nos cuentan que en su relación está activa la carne, o sea que tienen relaciones sexuales y hace mucho tiempo sobrepasan estos límites, entonces fácilmente esa relación es como una bomba de tiempo, en cualquier momento explotará a través de un embarazo no deseado, de un corazón roto, de celos enfermizos y de la muerte de su amor verdadero. Lo malo de esto es que cuando una bomba explota daña a mucha gente. En tus manos está la decisión de vivir un amor verdadero o de darle muerte a este bello sentimiento.

En 1 Corintios 13 leemos que el amor es una virtud que está totalmente relacionada con la *castidad, moralidad, ética y pureza*, y ojalá también esté relacionada con tus relaciones sentimentales.

EL CIMIENTO DE LA ARMONÍA

Cuando leemos 1 Corintios 13:4 encontramos por lo menos cuatro razones que el amor tiene para no caer en peleas con su compañera: El amor no se comporta con rudeza, el amor no se enoja fácilmente, el amor no es orgulloso y el amor no guarda rencor.

En nuestro noviazgo casi no tuvimos peleas, pues aprendimos a no pelear. Luego de tener una discusión por teléfono se necesitaban muchas horas para pedir disculpas, para arreglar las cosas y para aclararlas. Esto significaba que cada vez que peleábamos por cualquier insignificancia, arreglarlo nos costaba dinero.

En ocasiones, hablábamos por medio de una tarjeta telefónica que duraba como tres horas, si de pronto alguno de los dos se molestaba por algo, comenzábamos a darle vueltas y vueltas al asunto. Cuando ya habían pasado casi dos horas y media, nos dábamos cuenta de que la tarjeta se iba a acabar. Entonces buscábamos solucionar el problema, pero de pronto escuchábamos una voz que decía: «Le quedan cinco minutos en la tarjeta», y nos entristecíamos porque íbamos a terminar la conversación sin estar del todo bien. Nos quedábamos con un sinsabor en la boca, así que apenas se acababa la tarjeta y nos tocaba colgar, nos mandábamos un correo electrónico pidiéndonos perdón. Sin embargo, uno se quedaba un poco bajoneado por habernos permitido pelear por tres horas y no haber aprovechado el tiempo para conocernos más.

También recuerdo que algo difícil en las peleas a larga distancia era precisamente pedir perdón. En muchas ocasiones, un acto vale más que mil palabras. Muchas veces solo basta un abrazo, una mirada, un besito para pedir disculpas, pero a larga distancia es muy difícil hacer esto. Así que solo cambiar por palabras el querer tomarle las manos, mirar a los ojos, pedirle perdón y darle un besito en la boca, significaba más de cuatro mil palabras para hacer lo mismo vía telefónica. Al principio de la relación, vivir estos momentos de impotencia nos llevó a decirle no a las peleas. Hacíamos el ejercicio de no irritarnos con facilidad, y si de pronto alguno de los dos se enojaba, entonces tratábamos de escucharnos el uno al otro y solucionar las cosas. Con el tiempo ya casi no peleábamos, y hasta llegamos al punto de no pelear nunca.

No somos perfectos y no estamos todos los días con buen humor, es normal tener diferencias en los noviazgos y peleas ocasionalmente. Lo que no es normal es que esto se vuelva una costumbre en la relación, y mucho menos cuando de las palabras se pasa al contacto físico. Creo que nosotros peleábamos lo normal hasta que llegamos a conocernos, y así aprendimos a evitar llegar a las discusiones. Pero en la adolescencia teníamos algunos amigos dentro y fuera de la iglesia, que tenían peleas que no eran tan normales. Alguna vez Giovanni se enteró de un amigo de la iglesia que tenía una novia y llegó a pegarle un puntapié luego de una discusión. Esto no es normal, pero lo más triste fue cuando se enteró que desde hacía mucho tiempo esta parejita estaba teniendo relaciones sexuales. La violencia es un producto de la carne, y cuando en los noviazgos las parejas se meten en este terreno que es prohibido, salen dañados de muchas formas, una de ellas es la violencia con maltratos físicos a sus parejas.

En conclusión, si en tu relación no está el cimiento de la santidad, entonces está expuesta a que tampoco tenga el cimiento de la armonía, y en cualquier momento se vendrá abajo el noviazgo. Por otra parte, es importante hablar de las diferencias que tenemos de una manera sabia, humilde y prudente. No es sabio callar del todo, porque esto se convierte en una bomba de tiempo que en cualquier momento estalla. Evitemos pelear y recordemos las dos frases de este versículo: «Si se enojan, no pequen» y «No dejen que el sol se ponga estando aún enojados», pues el pedir perdón es parte de cimentar bien nuestra relación.

EL CIMIENTO DEL ROMANTICISMO

El ser románticos con nuestra pareja es una sana costumbre. Deberíamos volver a las épocas de nuestros abuelos y tomar algunos *tips* para así poder siempre reconquistar a nuestra pareja. Por ejemplo, regalar rosas, dar una serenata, sorprender con una caja de chocolates, escribirle una cartita o una nota de amor y dejársela en un lugar que la encuentre, etc.

Nosotros, los dos, éramos muy románticos, y no es para menos cuando llega el amor de tu vida. Las cartas, las rosas, los chocolates, los muñequitos de peluche, una carta o un e-mail expresando el amor fue lo que nos dimos durante todo nuestro noviazgo. En algunas ocasiones el expresar el amor de esta forma no alcanzaba, entonces nos valíamos de la creatividad para sorprender al otro. Por ejemplo, en una ocasión Vanessa llegó de sorpresa para el cumpleaños de Giovanni. Él, con el material de las maquetas que le sobraba, le hacía a Vanessa collages de fotos, obras de arte, manualidades, etc.

Una de las maneras en las que Giovanni le expresó a Vanessa su amor quedó registrada en una canción que nació en medio de una llamada telefónica. Ya era muy tarde en la noche y Vanessa le pidió a Giovanni que la consintiera, obviamente con palabras porque estaban de lejos, entonces Giovanni tomó su guitarra, y así como en algunas ocasiones le cantaba vía telefónica los temas nuevos que componía, en esta ocasión, comenzó a cantarle una canción que nació en ese preciso momento y decía así: «Niña consentida, amor de mi vida, niña de mis ojos, calmas mis antojos…». Esta canción es parte del primer álbum de *Pescao vivo* y se llama «Niña de mis ojos». Con esta canción Giovanni pudo mostrarle a Vanessa que no solamente iba a consentirla sino también a cuidar, porque era la bendición que Dios le había regalado. A continuación la letra de esta canción…

CANCIÓN: NIÑA DE MIS OJOS

LETRA Y MÚSICA: GIOVANNI OLAYA

Niña consentida; amor de mi vida.
Niña de mis ojos; calmas mis antojos.
Niña mi locura; me tiene en la luna.
Niña caprichosa; mi perfecta rosa.

Coro:
Tú eres mi tesoro; tú eres mi felicidad niña.
Bendito tesoro; siempre te voy a cuidar nena…
tú eres mi tesoro; tú eres mi felicidad niña.
Bendito tesoro; siempre te voy a cuidar…

Niña empalagosa; dulce, linda, hermosa.
Niña mi motivo; quédate conmigo.
Niña cariñosa; divina y hermosa…
niña mi oración; de Dios bendición.

Coro:
Tú eres mi tesoro; tú eres mi felicidad niña.
Bendito tesoro; siempre te voy a cuidar nena…
Tú eres mi tesoro; tú eres mi felicidad niña.
Bendito tesoro; siempre te voy a cuidar…

Mírame a los ojos y verás que brillan mi niña si tú estás;
niña consentida, niña hermosa; como tú no hay rosa…
Mírame a los ojos y verás que se llenan de agua si te vas;
niña mi locura, mi hermosura, como tú ninguna…
Mírame a los ojos y verás que brillan mi niña si tú estás;
niña caprichosa, empalagosa, de boca dulce y deliciosa...
Mírame a los ojos y verás que se llenan de agua si te vas;
niña mi oración, niña bendición, pa ti mi amor sin condición.

CAPÍTULO 25

UN COMPROMISO MÁS SERIO
POR GIOVANNI

En una de las vacaciones en que Vanessa me visitó, más o menos al año de estar de novios, Vanessa tuvo la oportunidad de viajar con su padre. Entonces aproveché para expresarles a ambos mi seriedad en la relación y las intenciones de algún día poder casarme con ella. Fue bueno en esas vacaciones conocer al padre en persona y compartir tiempo juntos, y una tarde en un restaurante de Bogotá le dije a Hugo, el padre de Vanessa, que quería casarme con su hija. Lo primero que me dijo fue: «¿Usted en qué trabaja?». Por esas fechas yo apenas estaba terminando mi carrera de Arquitectura y comenzando a mirar en qué lugar haría mi práctica profesional para incursionar en el campo laboral, y por otra parte estaba comenzando a tocar con mi banda *Pescao vivo*, pero en los lugares donde nos invitaban nadie nos pagaba, pues para una banda que está comenzando solo el tocar o el que lo inviten ya es ganancia, entonces el ganar dinero estaba todavía un poco lejos. Así que tomé fuerza y le respondí: «Aún no me he graduado y por otra parte mi banda recibe ofrendas cuando tocamos». Luego él me dijo: «¿Y como cuánto suman las ofrendas al mes?». Yo le respondí que eso era muy variable pero la verdad hasta ese momento con *Pescao vivo* habíamos tenido por ahí cinco presentaciones y la verdad en ninguna nos habían dado nada, así que con Vanessa empezamos a ponernos muy nerviosos con esas preguntas de las cuales no estábamos saliendo bien parados.

Yo entendía perfectamente la posición del padre de Vanessa, pues todo padre quiere lo mejor para su hija. Ese día en el restaurante Dios le dio mucha sabiduría al padre de Vanessa y nos habló de muchas cosas, y al final nos dijo que Vanessa se podría casar pero luego de que acabara su carrera universitaria. Para esto faltaban como dos años y medio, pero fue bueno este plazo no solamente para seguir creciendo sino para fortalecer la parte económica de los dos, y así fue como seguimos de novios pero habiéndole expresado a nuestros padres las intenciones del futuro.

Mientras pasaba el tiempo, poco a poco *Pescao Vivo* empezó a darse a conocer, aprovechábamos la oportunidad de tocar cuando cualquier iglesia o universidad nos invitaba, ya que esto nos daba la oportunidad de hacernos más conocidos. Así fue como pasamos los primeros dos años con la banda, y cada vez teníamos más gente que nos seguía y nos animaba a que grabáramos un disco. Con el tiempo comenzaron a pagarnos por las presentaciones, algo que era más significativo y que nos ayudaba a comprar algunas cosas para la banda como tambores, cuerdas, clases particulares, etc. Con el tiempo los conciertos comenzaron a rendirnos ingresos, los que se dividían entre todos los del grupo. Con esto que me ganaba mas lo que recibía en el trabajo como profesor de música y sumado a lo que ganaba con trabajos aislados como arquitecto fue que pude ahorrar para comprar el anillo de compromiso para Vanessa. En otras vacaciones en las que ella volvió a visitarme a Colombia tenía planeado darle el anillo de compromiso, pues aprovechaba cada vez que la veía para demostrarle que realmente estaba en serio con ella. La invité a comer a un restaurante de un centro comercial, y yo estaba nervioso porque quería darle el anillo pero no sabía cómo. Primero que todo no había comprado el anillo así que le dije que me esperara un momento que iba al baño y salí rapidísimo y me fui a una joyería. Le dije a la señorita que atendía que me vendiera un anillo de compromiso. Luego llegué corriendo al restaurante y Vanessa me preguntó que por qué me había demorado tanto, yo le respondí que el baño estaba lleno. Después me pareció que el restaurante no estaba tan apropiado para darle el anillo, entonces nos fuimos de ese lugar. Estando ya en la camioneta de mi padre empecé a dar vueltas y vueltas, y Vanessa me preguntaba a dónde íbamos, yo le decía que a un lugar especial, pero en verdad no sabía dónde entregarle el anillo. Luego de quemar mucha gasolina me di cuenta que íbamos a pasar por la embajada Americana, y lo que hice fue estacionar la camioneta frente a la embajada. Ahí saqué el anillo y le pregunté si se quería casar conmigo. Vanessa quedó sorprendida y me dijo que sí, que se quería casar conmigo pero que no esperaba que le regalara el anillo de esa manera. Ella me dijo que se lo imaginaba más romántico, yo quedé apenado porque la verdad no tenía ni idea de cómo hacerlo. Me faltó ver más películas de amor o pedir consejería en cuanto a este asunto.

Les sugiero a todos los jóvenes que cuando le vayan a regalar el anillo de compromiso a sus novias lo hagan con todo el protocolo que se merece, por favor pregúntenle a su padre o a sus hermanos mayores, si tienen, pregúntenle a un amigo que ya esté casado o al menos busquen en Internet para que vean las muchas formas de entregar un anillo, pero por favor nunca improvisen como yo porque su esposa siempre recordará que ese momento no fue lo más romántico del mundo. Ahora sé que hubiera podido ser mejor, pero bueno, ese día quedé feliz por entregarle el anillo a Vanessa y demostrarle que íbamos paso a paso pero con seguridad, aunque nos quedó el sinsabor en la boca de lo improvisado, pero entonces le pedía a Dios que nos pudiéramos desquitar más adelante con la boda.

SEGUNDA PRUEBA DE FUEGO: EL NOVIAZGO DE CERCA

Cuando íbamos a cumplir tres años de noviazgo a distancia, Vanessa realizó su práctica profesional en el canal de televisón Telemundo Internacional, en la ciudad de Miami, y se graduó como Comunicadora Internacional. Ya se había cumplido el plazo que Don Hugo, el padre de Vanessa, nos había puesto para que casarnos. Ya podríamos comenzar a planear las cosas, pero lo primero era que uno de los dos se mudara al lugar donde el otro estaba viviendo.

Vanessa le preguntó a Dios si era ella la que debería moverse, y Dios le mostró en su Palabra que debería volver a la tierra que la había visto crecer. Además, ella se daba cuenta que el ministerio y la banda de su futuro esposo estaba comenzando a echar raíces en Colombia, y era importante que ella estuviera apoyándome de cerca. Así fue como Vanessa tomó la decisión de regresar a Colombia, y como última prueba, vivir junto a mí un noviazgo normal, como cualquier otro.

Para esos días había tenido una consejería con el pastor de jóvenes de mi iglesia, el cual me hizo dar cuenta de la importancia de tener un muy buen tiempo de noviazgo normal con Vanessa, porque el matrimonio es una relación en donde se vive y se comparte una vida entera junto con la pareja, y que nuestra relación haya funcionado de lejos no garantizaba que funcionara de cerca, así que era un paso que debíamos tomar con calma. Además, habría que sumarle que también era importante darle un tiempo a Vanessa para que se estabilizara en Bogotá, Colombia. Ahí sí ambos estaríamos listos para el matrimonio.

Algo que siempre nos pasaba con Vanessa era que cuando iba a recogerla al aeropuerto nos invadía la felicidad de volver a vernos, pero también estaba la zozobra de que nos veríamos solo por unos días y luego ella tendría que regresar a su casa. Cuando Vanessa tomó la decisión de establecerse en Colombia, fue la primera vez que la recogí en el aeropuerto y ambos sentíamos una felicidad que nos hacía explotar de la dicha, pues no volveríamos a separarnos nunca más.

Vanessa volvió a vivir en Colombia con su madre, y lo primero que hicimos fue comprar un carro entre los dos para aprovechar más el tiempo con el tráfico. De esta primera compra que hicimos juntos, ella puso el 90% y yo solo el 10%. Algo es algo, al menos yo era dueño de las llantas del carro.

Así fue como comenzamos a ir con Vanessa a presentar Currículums vítae a diferentes medios de comunicación para aplicar a cualquier labor que pudiera desempeñar una Comunicadora Internacional.

Para este entonces, *Pescao Vivo* ya llevaba tres años nadando y buscando oportunidades, y así llegó la propuesta de grabar nuestro primer álbum. Parecía que ya estábamos listos y Dios abrió las puertas para que el primer CD fuera una realidad. El disco salió al mercado, y de repente fue muy bien aceptado por las emisoras cristianas y por las no cristianas. Gracias a Dios nuestra música tenía gracia y en todas partes se abrían las puertas.

Además de esto comenzaron los viajes a diferentes ciudades de Colombia y hasta a algunos países de Latinoamérica. Todo era como un sueño. Lo único que no sabíamos era que había que hacer mucha promoción y dedicarle mucho tiempo a eso. La promoción no es remunerada, así que se ganaba en popularidad, pero no en economía. Siempre me apasionó lo que Dios hacía con *Pescao Vivo*, y a pesar de que el dinero no llegaba, mi ánimo seguía arriba pues era el inicio de que Dios comenzara a usar la banda de una manera más profesional para los intereses del reino de los cielos.

Algunas veces pensaba que lo único malo era no poder ganar dinero para ahorrarlo y poder casarme más rápido, entonces habría que seguir trabajando de profesor o de arquitecto, cualquiera fuere la oportunidad.

Definitivamente el primer álbum de una banda es una siembra total en cuanto a lo económico, pues no es fácil arrancar con la música y abrirse paso, pero Dios es fiel y suple lo que necesitamos. No olvidemos que si buscamos primero su reino, todo lo demás será añadido. Dios es fiel a lo que promete. Además yo estaba super feliz, pues Vanessa había llegado para que nos casáramos y *Pescao Vivo* tenía su primer álbum. ¡Dios es bueno!

Ver en cada concierto que las personas eran cambiadas por el mensaje que cantábamos me enamoró del ministerio. Tenía claro que Dios estaba comenzando a planear algo muy grande, y la llenura que sentía en mi corazón al ver que Dios me utilizaba para su reino me llevó a dejar a un lado la Arquitectura y el trabajo en el colegio. Dios no quería que Giovanni edificara casas y edificios sino que edificara vidas y sobre todo su reino.

Cuando Vanessa se radicó en Colombia comenzamos a tener un noviazgo como cualquier otro, donde no era necesario vernos todos los días, sino que la visitaba de vez en cuando, y donde gracias a Dios superamos la prueba de estar cerca, y nuestro amor siguió creciendo y creciendo.

Lo que compartimos como novios en la misma ciudad fueron los cimientos que levantamos cuando estuvimos lejos. No podíamos descuidar lo que con tanto esfuerzo habíamos construido. A la distancia muchas cosas se manejan con mayor facilidad, por esto tuvimos que pasar por la prueba de estar cerca y aprender a tolerarnos más, a ser constantes con las disciplinas espirituales y a no darle pie a la carne.

CAPÍTULO 26
CONSEJOS PARA LOS QUE QUIEREN CASARSE

Lo primero que hay que hacer para casarse es preguntarle a Dios si es su voluntad. Recordemos que es mejor tener la opinión de él y obedecer sus consejos. Luego de estar seguros que ha llegado el tiempo del matrimonio, entonces comencemos a actuar, y en la mayoría de los casos, a caminar por fe.

Lo segundo es que nuestros padres estén al tanto de nuestros planes, pues una forma de honrarlos es comentarles nuestros proyectos y hacerlos parte de ellos. Además, porque dentro del protocolo de realizar una boda, nuestros padres nos pueden ayudar grandemente.

Lo tercero es pedir una cita con los consejeros de la iglesia y hacer los cursos prematrimoniales correspondientes. Ellos los guiarán a una etapa inicial de sanidad interior del corazón y luego pasarán a recibir una serie de consejos prácticos en temas de economía, sociología y del área sexual.

Lo último es calcular la parte financiera de la pareja, pues no solo de amor vivirán el hombre y la mujer en el matrimonio, sino que deben trabajar. Cuando uno les dice a los padres que se quiere casar, ellos suelen preguntar: «¿De qué van a vivir?». En Mateo 4:4 Jesús dice que «no solo de pan vivirá el hombre sino de toda palabra que sale de la boca de Dios». Esto me lleva a pensar que antes que el alimento o nuestras necesidades, primero debe estar Dios, incluso antes que el alimento está el trabajo, pues el que quiera comer que trabaje. Así que es importante tener en claro esta parte para que después la pareja no se encuentre en problemas. Para calcular bien las cosas debemos hacer una lista de gastos mensuales y compararla con la lista de entradas mensuales. Como resultado debería sobrarnos dinero para ahorrar a principios de mes, de lo contrario se debería calcular bien para no tener problemas.

Algo que nos animó mucho fue la enseñanza que se encuentra en Eclesiastés 4:9-12 que dice: «Más valen dos que uno, porque obtienen más fruto de su esfuerzo. Si caen, el uno levanta al otro. ¡Ay del que cae y no tiene quien lo levante! Si dos se acuestan juntos, entrarán en calor; uno solo ¿cómo va a calentarse? Uno solo puede ser vencido, pero dos pueden resistir. ¡La cuerda de tres hilos no se rompe fácilmente!». ¡Wow! ¡Qué palabra!

Siempre pensé que si no podía mantenerme a mí solo y todavía dependía de mis padres, ¿cómo haría para mantener a dos personas? O sea a mí y a mi pareja. Estos son pensamientos normales que puede tener cualquier persona, porque enfrentarse a determinadas responsabilidades da un poco de susto. Siempre pensé que como no ganaba suficiente dinero para independizarme de mis padres, entonces todavía no estaba listo para responder por una familia, pero cuando leí esta palabra, una venda cayó de mis ojos. Me di cuenta que en la unión están los buenos resultados. Si unía mi esfuerzo con el de Vanessa, entonces el fruto sería mayor que el fruto de esforzarme solo.

El diablo siempre pone temor con nuestras finanzas, y más si de estas depende un matrimonio. Lo que al diablo le conviene es que no haya hogares ni familias, pues sabe que el poder de dos que se ponen de acuerdo le va a frustrar sus planes.

Los varones somos los que más dudamos en esta área al momento de querer casarnos, ya que pensamos que no vamos a poder porque sabemos la responsabilidad que tenemos como cabezas de hogar. Aprovecho para animarlos a creerle a Dios y a entender que en Dios siempre sumaremos y multiplicaremos, y si no creemos entonces restamos y dividimos en nuestras finanzas. Lo más espectacular de esta palabra de Eclesiastés 4 es darnos cuenta que cuando dos personas se ponen de acuerdo llaman a la presencia de Dios y por eso la cuerda no es de dos sino de tres hilos, tú, tu pareja y Dios. Ánimo, en la unión está la fuerza.

CAPÍTULO 27
MEJOR DE LO QUE HABÍAMOS SOÑADO

Calculamos un año exacto para casarnos, mientras tanto cada uno de nosotros trabajó duro viviendo en la misma ciudad y llevando un noviazgo normal. Giovanni vivía en su casa con sus papás y Vanesa en la casa de su mamá. Ahorrábamos lo que más se podía para tener con qué vivir después de casados, porque aunque estaba en nuestros planes costearnos los gastos del matrimonio, no nos iba a alcanzar el dinero.

Vanessa siempre fue muy consentida por el papá, y ella estaba segura que si le pedía que pagara la boda, él lo haría. La expectativa la teníamos con los papás de Giovanni, pues no sabíamos si económicamente estarían dispuestos a soportar la carga que nuestro matrimonio les representaría. Decidimos entonces seguir el protocolo normal de las bodas donde el papá de la novia paga la fiesta y el papá del novio la luna de miel. Fuera de eso, cada familia se encargaría de los gastos del viaje hasta Cartagena, ciudad donde pensábamos celebrar la boda.

Así que se lo propusimos a nuestros padres, pidiéndoles que hicieran el último esfuerzo. El papá de Vanessa aceptó y nos dijo que fuéramos averiguando todo y comunicándoselo, ya que él vivía en Estados Unidos con la hermana de Vanessa.

Cuando hablamos con el papá de Giovanni, él aceptó, pero Giovanni le dijo que no se preocupara ya que él entendía que su situación económica era más apretada, y que por esa razón Giovanni le iba a ayudar a pagar la luna de miel, si era necesario. Así fue como empezamos a organizar nuestro matrimonio.

Al principio uno no sabe cómo comenzar ya que son mil detalles, pero como siempre la mujer es la que lleva la batuta. Después de que Dios restauró su corazón, Vanessa siempre soñó con su boda y la idealizó tanto como lo mostraban en las películas de Disney. Su sueño era casarse en la playa, pero a Giovanni le parecía imposible y la verdad le daba igual, ya que a él solo le importaba casarse.

Un día, contándole a un amigo que estábamos contemplando casarnos en Cartagena solo con nuestras familias, nos dijo que éramos egoístas, que deberíamos casarnos en la capital, ya que muchas personas querían compartir con nosotros ese día tan especial. Su comentario nos hizo dudar y empezamos a averiguar haciendas o casas campestres alrededor de Bogotá. La verdad es nada nos gustaba por más que nos mostraban diferentes arreglos florales, velas, comidas, etc. Nada podía remplazar la idea de casarnos en la playa, rodeados de mar y arena.

Hicimos la lista de invitados y sumaron 150, pero poco a poco comenzó a surgir gente de todos lados y la lista superó las 400 personas. Además, nuestros familiares, cada una por su lado, nos decían que debíamos invitar a fulanito y a fulanita. Nos desesperamos tanto que dijimos: «Basta, no más. Es nuestro matrimonio». Así que para no entrar en conflictos con nuestras familias, luego de darle y darle vueltas al asunto nos dimos cuenta que gastaríamos casi el mismo dinero haciendo la boda en la costa colombiana que haciéndolo con un montón de gente en la ciudad. Así que definitivamente decidimos que queríamos casarnos de forma más privada en la playa. Aunque esto de pronto podría no gustarle a algunos familiares, Dios nos dio paz en nuestros corazones de realizar nuestra boda con el círculo familiar más íntimo. Era nuestro sueño, era nuestra boda, era nuestra historia. Hicimos unas tarjetas de participación donde le contábamos a todo el mundo de la noticia del matrimonio, pero en la ceremonia solo estaríamos junto a nuestros papás, hermanos y pastores. En total seríamos solo 18 personas.

De casualidad Giovanni recibió una invitación a la ciudad de Cartagena para un concierto de *Pescao Vivo*, entonces aprovechó para averiguar lugares para la boda. Vanessa desde Bogotá ya había averiguado también en unas islas cercanas como consejo de una amiga. Luego del concierto Giovanni decidió quedarse dos días más para visitar lugares. Así fue pudo visitar las Islas del Rosario, a una hora en barquito desde la costa, y le encantó una pequeña isla llamada *La isla del pirata*. Lo que nos cautivó de esta isla es que además de ser pequeña y acogedora tenía una terraza de arena con vista al mar donde al fondo se pueden visualizar las otras islas y el inmenso e imponente mar azul. Luego contactamos a la administradora de la isla, quien nos ayudó con todos los arreglos, la decoración, la comida, etc.

Llegó el día del viaje a Cartagena. Fuimos dos días antes de la boda para terminar de arreglar los últimos detalles. Todos estábamos súper contentos. Cosas muy lindas pasaron alrededor de esta decisión de ir a Cartagena, como por ejemplo que ambas familias viajaran juntas, lo que les permitiría conocerse más íntimamente y entrelazar lasos familiares. Además, la familia de Giovanni por primera vez saldría de paseo a la costa colombiana, como se lo merecían, y todas las parejitas que asistirían, como Hugo y Yoyita (padres de Vanessa), Mercedes y Winston (padres de Giovanni) y Jazmín y Ricardo (hermana y cuñado de Giovanni), compartirían tiempo juntos en una de las ciudades amuralladas más románticas del mundo: Cartagena. Todo esto hizo que el matrimonio también tomara un color a paseo de familia. Esto fue una añadidura de bendición.

El día de la boda nos levantamos súper temprano, y lo primero que hizo Vanessa fue mirar por la ventana, ya que el hotel de Cartagena daba a la playa, y vio que el cielo estaba nublado. Le pedimos a Dios que se abriera el cielo, pues por esa época en Colombia hay mucha lluvia y queríamos un cielo azul. No tuvimos más que confiar en él y nos fuimos todos al muelle porque nos estaba esperando un yate contratado especialmente por nosotros.

Fue interesante vernos con vestidos muy poco complicados y ligeros, pues el clima es muy caliente allí, y llevamos en los brazos nuestros trajes elegantes bien empacados para que no se salpicaran con el agua que despide el bote. Fue divertido vernos a todos con chalecos salvavidas puestos. También fue agradable conocer un poco de la historia del lugar que nos contaba el conductor de la lancha mientras pasábamos por algunos fuertes de las murallas de Cartagena. Fue una boda muy intelectual y educativa, jajajá.

Al llegar a la isla, el cielo seguía un poco nublado. Mientras nos acomodábamos, nuestras mamás empezaron a orar para que se abrieran los cielos y se pusieron a ultimar detalles.

Cuando todos conocieron el escenario de las islas y el mar, quedaron más que encantados, pues no había un mejor lugar en el planeta para casarse. El paisaje era hermoso, todo estaba rodeado de mar. De un momento a otro el cielo se abrió y se veía bien azul. La vegetación de la isla se veía más verde y se podía contemplar el panorama de una manera más profunda hasta ver el cielo fundirse con el mar.

Vanessa se dirigió a una habitación para vestirse de novia junto con las madres y las hermanas de los dos para que le ayudaran con el traje, el cabello y demás detalles. Giovanni se fue a otro lugar a cambiarse con los hombres. Los minutos pasaron y todo pareció estar listo. Los pastores ya estaban en el altar, que estaba ubicado en la punta de una terraza de la isla, luego llegó Giovanni. En medio de ese bello escenario pero con mucho calor, se esperaba a la novia, como sucede en cualquier boda pero sin la duda que de pronto no llegara, porque la única forma de que Vanessa escapara del lugar era nadando miles de kilómetros en el mar que estaba lleno de tiburones, jajajá. Pero ese no fue el caso, ya que luego de esperar por más de una hora, en medio de la vegetación se veía venir un ángel vestido de blanco con su aureola en la cabeza llena de flores de colores. Era Vanessa.

En ese momento la música comenzó a sonar y todos los invitados, ya muy bien vestidos, estaban en sus puestos. No quisimos que la canción de entrada de la novia fuera la típica marcha nupcial sino una música acorde con el lugar, por eso contratamos un grupo musical de gaitas y tambores colombianos para que musicalizara con sonidos colombianos toda la ceremonia.

Apenas Giovanni vio a Vanessa su rostro resplandeció de felicidad por poder llevar al altar a una mujer tan bella por fuera y por dentro. Seguimos el protocolo normal de una boda donde el padre entrega a la hija y el hombre la espera con su madre en el altar. Los dos sabíamos que íbamos a llorar, porque era un sueño hecho realidad el estar con la persona que Dios nos tenía preparada a cada uno en el lugar más romántico.

Todo era perfecto, y gracias a la fidelidad de Dios la boda resultó mejor de lo que soñamos. Apenas su papá la entregó a Giovanni, la primera en llorar fue Vanessa, y él no pudo evitar hacerlo también. El momento fue muy conmovedor, pues cuando el padre de Vanessa la entregó a Giovanni le dijo: «Le entrego la mitad de mi vida», pues la otra mitad es su otra hija.

Cuando más lloramos fue durante el momento de los votos, ya que no teníamos voz por estar tan emocionados para decírnoslos el uno al otro. Desde ese momento descubrimos que la bendición que Dios da a través de un pastor o sacerdote es fundamental para el éxito del matrimonio. Definitivamente mejor son dos que uno y desde ese momento éramos un cordón de tres dobleces.

Fue una ceremonia hermosa y sentíamos la presencia de Dios con nosotros, ya que el sol brillaba con todo su esplendor. La boda superó nuestras expectativas. Todo salió espectacular. Vanessa estaba como ella siempre lo soñó: una princesa. Su pelo suelto con ondas cubierto con una corona de flores. Muy poco maquillaje, y un vestido espectacular, descalza… La decoración nos sorprendió ya que estaba tupida en flores amarillas, rojas y naranjas. El vals fue a punta de tambores colombianos con ritmos como la cumbia, el bullerengue, el mapale, la puya, etc. El brindis fue con frapé de jugo de uva, porque a ninguno de la familia nos gusta el vino o cualquier bebida que contenga alcohol. Este frapé estaba tan refrescante para el calor que todos querían más y más, estaba delicioso. La comida fue lo mejor, un delicioso plato costeño a lo gourmet. TODO SALIÓ ESPECTACULAR y fue la bienvenida exacta a la nueva familia «Olaya Garzón».

Cuando caía la tarde, nuestras familias regresaron a Cartagena en el bote y nosotros pasamos nuestra noche de bodas en la suite de esta hermosa isla que estaba solo para nosotros. Al otro día hicimos un Tour como esposos por todas las islas y sus lugares turísticos. Por la tarde fuimos a Cartagena a encontrarnos con nuestras familias y estar dos días más junto a ellos, conociendo la ciudad. Luego de estos maravillosos días regresamos a Bogotá, y al siguiente día nos fuimos a nuestra luna de miel en Aruba, un lugar también hermoso donde Dios nos dio muchas promesas como pareja…

Dios conoce tu corazón y él te dará la mejor boda, no importa lo imposible que lo veas, solo tienes que golpear la puerta y él abrirá los cielos para derramar la lluvia de bendiciones que siempre tendrá para ti.

Nuestro consejo es que aproveches mucho el tiempo de preparación de la boda, ya que como son tantas cosas, llega un momento en donde uno ya no quiere hacer nada y se estresa… Disfruta cada instante y momento de la preparación, ya que será solo una vez en tu vida.

CANCIÓN: MEJOR SON DOS QUE UNO

LETRA Y MÚSICA: GIOVANNI OLAYA

Como una rosa en el jardín del Edén yo te encontré.
La más preciosa de las rosas, la más hermosa entre las hermosas.
Eres la mujer de mis sueños, desperté y ahora te veo.
Y es que el día en que Dios te hizo fue que creó el paraíso.
Mejor son dos que uno.
Mejor si estamos tú y yo.

Como una rosa en el jardín del Edén yo desperté
Y vi al príncipe de mi cuento, contigo todo es perfecto.
Eres el hombre de mis sueños, eres el dueño de mis besos.
Yo soy tuya, tú eres mío, soy tu carne, soy tus huesos.
Mejor son dos que uno.
Mejor si estamos tú y yo.

CORO

Prometo amarte y respetarte y sin reservas entregarme.
Prometo honrarte y bendecirte y día a día de amor llenarte.
Prometo serte fiel hasta la muerte en la riqueza o la pobreza.
En alegrías o tristezas voy a cumplirte las promesas.
Prometo amarte y respetarte y sin reservas entregarme.
Prometo honrarte y bendecirte y día a día de amor llenarte.
Prometo serte fiel hasta la muerte en la riqueza o la pobreza.
En alegrías o tristezas voy a cuidarte mi princesa.

Las muchas aguas no podrán nuestra relación ahogar,
Porque es fuerte como la muerte y en la roca siempre está.
En las buenas o en las malas siempre yo estaré contigo,
Hasta mi último latido, hasta mi último suspiro.

CORO

Prometo amarte y respetarte y sin reservas entregarme.
Prometo honrarte y bendecirte y día a día de amor llenarte.
Prometo serte fiel hasta la muerte en la riqueza o la pobreza.
En alegrías o tristezas voy a cumplirte las promesas.
Prometo amarte y respetarte y sin reservas entregarme.
Prometo honrarte y bendecirte y día a día de amor llenarte.
Prometo serte fiel hasta la muerte en la riqueza o la pobreza.
En alegrías o tristezas voy a cuidarte mi princesa.

Con este anillo, me caso contigo.

CAPÍTULO 28

LAS MENTIRAS SOBRE EL MATRIMONIO

Soy consciente que todos los seres humanos no somos iguales y que por lo tanto todas las relaciones y matrimonios tampoco lo son, así que no pretendo que todos estemos cortados por la misma tijera, pero tengo muy claro que la Palabra de Dios y sus consejos son los mismos para todos los hombres y mujeres de este planeta. Si caminamos fuera de él y de su Palabra, será muy fácil equivocarnos y tener malos frutos.

Definitivamente el matrimonio es un plan de bendición para los hombres y mujeres en este planeta. El complemento, la compañía, la complicidad, el deleite y el aprendizaje hacen parte de él y es una aventura de emociones y experiencias. No es bueno que el hombre esté solo, dice Génesis 2:18. Me imagino la vida de Adán sin Eva, y solo puedo pensar lo aburrido que hubiera estado. Qué sensación la de sentirse incompleto. Qué tristeza ver pasar a cada animal con su compañía y sentirse solo. Qué bella idea tuvo Dios al crear a la mujer y darnos la ayuda adecuada. El plan de Dios es que en algún momento el hombre deje a su padre y a su madre y se una a su mujer para fundirse en un solo ser (Génesis 2:24).

Este es el verdadero plan que tiene Dios para el amor de pareja, y solo por citar unos cuantos versículos que ilustren sus propósitos podemos analizar en Eclesiastés 4:9-12 lo siguiente:

*El matrimonio te da el trabajo y el buen fruto — «Más valen dos que uno, porque obtienen más fruto de su esfuerzo».

*El matrimonio te da apoyo mutuo y compañía — «Si caen, el uno levanta al otro. ¡Ay del que cae y no tiene quien lo levante!».

*El matrimonio te da respeto y fidelidad — «Si dos se acuestan juntos, entrarán en calor; uno solo ¿cómo va a calentarse?».

*El matrimonio te da fuerza e inspiración — «Uno solo puede ser vencido, pero dos pueden resistir».

*El matrimonio te da el respaldo de Dios — «¡La cuerda de tres hilos no se rompe fácilmente!».

Durante estos años de casados hemos podido escuchar muchos prejuicios de parejas sobre el matrimonio, y hemos identificado varias mentiras sobre lo que se percibe de él. Estas mentiras no son más que ideas que el diablo deposita en la mente de hombres y mujeres para que no tengamos la bendición y el respaldo de Dios.

Profundizar el estudio de Eclesiastés 4:12 nos llevó a darnos cuenta que con Dios todo es completo y extraordinario, pues estando solos estamos expuestos a ser vencidos. Cuando decidimos casarnos, no solamente somos dos que podemos resistir, sino que automáticamente Dios se une a nosotros y somos tres que no se rompen fácilmente. Bajo la voluntad de Dios el amor no es como en las matemáticas, pues uno más uno no es dos sino tres.

Las siguientes son algunas de las mentiras que no permiten que escuchemos la verdad de Dios pero que son importantes desenmascarar para que no sigan alejando a los jóvenes de la bendición de casarse:

MENTIRA Nº 1: NO ES NECESARIO CASARNOS SI PODEMOS ESTAR EN UNIÓN LIBRE.

Los jóvenes tienen miedo a comprometerse y empiezan su relación en derrota al decidir vivir juntos, porque simplemente si no funciona se separan y ya. En la mayoría de los casos la mujer es la más herida, y los hombres poco a poco van perdiendo la capacidad de amar verdaderamente y de comprometerse. Simplemente te aseguramos que alguien que no se quiere comprometer es alguien que en realidad no sabe amar.

Las mujeres sueñan con el matrimonio, pero los hombres quieren las cosas fáciles. Alguna vez escuchamos a Marcos Witt en una prédica dando un ejemplo muy ilustrativo: Si en un supermercado no compras la manzana tampoco la manoseas. Algunos no quieren pagar el costo pero sí aprovecharse. ¡Mujeres, por favor, valórense! Y hombres... ¡a pagar el precio! No se engañen, pues la verdad es que no hay unión donde no ha habido compromiso ni pacto. Tampoco hay libertad donde se sigue atado al temor y a la falta de compromiso.

MENTIRA Nº 2: EL MATRIMONIO NO ES FÁCIL.

Comenzar con expectativas de dificultad fácilmente llevará a la derrota. Creemos que difícilmente pasará algo bueno donde se tiene una mentalidad negativa. Dios no creó el matrimonio para atormentar nuestra vida, sino todo lo contrario. Dios quiere que vivamos en un paraíso junto con nuestro amor. Es cierto que cuando dos personas se casan son dos mundos que se encuentran, y que llevará trabajo volverlo uno, pero esta es una aventura llena de sorpresas que podemos vivir con alegría. En la diferencia está el complemento, el crecimiento, el aprendizaje, la madurez y la falta de monotonía.

Una frase de mi pastor Darío Silva Silva se me viene a la cabeza: «Convivencia en la diferencia». La frase «el matrimonio no es fácil» deberíamos cambiarla por «el matrimonio no es difícil», pues debemos pensar más en lo que Dios puede hacer a favor nuestro, que en lo que el diablo puede hacer en nuestra contra.

Nada es fácil sin Jesús, y por eso es que entendemos a nuestras generaciones pasadas, que tal vez no tuvieron la dicha de conocer a Jesús y hacerlo parte de su vida, pero ánimo, nunca es tarde para abrirle la puerta de tu corazón y dejar que él sea quien dirija tus pasos.

MENTIRA Nº 3: CADA UNO NECESITA SU PROPIO ESPACIO.

Al principio del matrimonio vivíamos en un apartamento que alquilábamos. Era tan pequeñito que se hacía literalmente muy difícil tener el propio espacio. Si eres de esas personas que piensan que a pesar de estar casado necesitas tu propio aire y respirar solitariamente, entonces no estás listo para casarte, porque no has entendido que el amor verdadero es negarse a uno mismo para hacer feliz al otro, o por lo menos eso es lo que veo en un Jesucristo clavado en una cruz.

Hay personas que se casan para ser felices, y ese es un mal propósito, pues debemos casarnos para hacer feliz a la otra persona, aclarando que eso no quiere decir que abandonemos nuestra propia vida. No olvidemos que el amor no busca lo suyo, no es egoísta, y únicamente serás verdaderamente feliz cuando hagas feliz a tu pareja, pues es mejor dar que recibir.

Desde el primer día de matrimonio estuvimos todo el tiempo juntos, pues el trabajo de ambos era *freelance,* o sea que nosotros mismos manejábamos el tiempo y no teníamos que cumplir horario de oficina.

No es nuestro caso, pero si en algún momento llegáramos a sentir que estamos saturados el uno con la presencia del otro, fácilmente desechamos ese sentimiento recordando que estuvimos separados en el noviazgo, y por lo tanto aprendimos a valorar la presencia del otro. Tal vez suene increíble, pero si nos separamos por un par de horas porque Vanessa tiene una sesión de fotos o un desfile, al momento de vernos nos llenamos de alegría, como si no nos hubiéramos visto en meses, nos extrañamos. No es necesario tener un espacio propio, construye uno para los dos.

MENTIRA Nº 4: LA BRUJA DE LA SUEGRA.

He escuchado muchos chistes en contra de las suegras, y en realidad siempre me sacan sonrisas, pero a la vez me da pesar de los que los inventan, pues no tuvieron la fortuna de tener una suegra como la mía. Es increíble lo perfecto que Dios hace las cosas cuando lo dejamos hacer su voluntad, pues mi suegra no solo fue mi amiga sino también mi celestina. Ella fue de gran ayuda para mí en la aventura de conquistar a Vanessa. Nunca fue algo planeado, pero poco a poco nos fuimos volviendo cómplices y se fueron dando las cosas. Dios la usó como alguien que en el camino de conquistar a Vanessa fue mostrándome el horizonte.

Una vez más le agradezco a Dios por mi suegra Yoyita, porque tuvo un papel muy importante en nuestra historia y siempre seguirá siendo así para nosotros: muy importante. No sobra escribir que las suegras deberían aprender mucho de mi suegra, en la manera de respetar la relación de sus hijos, de la sabiduría para guardar distancia, de la prudencia para callar y de muchas cosas que me han llevado a verla como una cristiana de testimonio.

Nunca me referiré a Yoyita como «la bruja de mi suegra» pero siempre la recordaré como «la brújula de mi suegra» pues sé que Dios la usó y la usará como consejera de su hija y mía.

MENTIRA Nº 5: EL TREN ME VA A DEJAR.

Es común escuchar esta frase en boca de las mujeres, aunque algunos hombres lo han pensado. En cuanto a esta mentira solo puedo decir que el plan de Dios en este área es que «no estemos solos». Así que debemos tener claro que como Dios en su sabiduría se dio cuenta que no era buena la soledad, entonces nos creó en pareja. Él será fiel en cumplir que encuentres al amor de tu vida. Sin embargo, si crees que ha pasado el tiempo y el amor no llega, entonces empieza a evaluar si eres tú quien está evitando que llegue la bendición. Afanándote no alcanzarás la promesa, pues eso demuestra que no confías en Dios. Buscándola por ahí y por allá tampoco, pues recordemos que la mujer debe ser hallada por el hombre y el hombre por el amor.

No hagas caso a este tipo de pensamientos pues el diablo solo quiere atormentarte y desesperarte, y en medio de esto fácilmente puedes analizar que si un tren salió, pues el próximo no demorará. Cada vez que te deje uno, espera confiadamente en Dios que en su tiempo perfecto llegará el tren que él tiene para ti.

CAPÍTULO 29
LAS MENTIRAS SOBRE EL SEXO

«Hay quienes creen que Dios le dio al hombre y a la mujer un órgano sexual para luego prohibirles usarlo», Darío Silva Silva escribió esto en su libro *El sexo en la Biblia*. Esto solo demuestra ignorancia y falta de conocimiento en cuanto a que Dios sabía que cuando inventaba el sexo era para dotarnos de un poco de su capacidad creadora en la reproducción y para darnos el deleite que produce el placer.

Debemos tener mucho cuidado, porque la ignorancia nos lleva a cometer errores y los errores nos pueden cobrar muy caro. Así como Dios sabe lo que nos dio, él sabe cómo y cuándo debe usarse. Nadie nace sabiendo, por eso vamos a la escuela o a la universidad para aprender, pero cuando se trata de sexo, ¿quién nos enseña? ¿La televisión, el cine, el Internet, la pornografía, los amigos, la gente morbosa? Con razón vemos tanto dolor en las calles y escuchamos tantas historias tristes de jovencitas que se nos acercan a contarnos cómo un hombre se llevó su virginidad y luego las desechó dejando su corazón roto. O la historia de la niña de 13 años que quedó embarazada y el hombre no respondió y se marchó. O el relato del hombre que contagió a otro hombre de Sida. También hemos oído el relato del hombre que fue contagido de una enfermedad venérea por una prostituta. Todos escuchamos acerca de las estadísticas alarmantes de aborto y los efectos secundarios que deja, como la esterilidad, la baja autoestima, la culpa de un homicidio o hasta la misma muerte en muchos casos. En cada uno de nosotros está la decisión de ignorar la verdad o conocerla personalmente. La Biblia dice en Proverbios 22:3: «El prudente ve el peligro y lo evita; el inexperto sigue adelante y sufre las consecuencias». Realmente no sé cómo hacen muchos para vivir una vida apartada de la luz que les muestra el camino y no pisar en falso, y entonces sufrir. Pero recuerden que nunca es tarde para mirar a Jesús y aprender de la vida abundante que quiere entregarnos si le damos el control de nuestro corazón y cuerpo, pues el sexo antes del matrimonio no solo acaba con nuestra capacidad de amar verdaderamente, sino que puede acabar con nuestra propia vida.

NO NOS VAMOS A ENTENDER EN LA CAMA

He escuchado algunas frases de los jóvenes que tienen relaciones sexuales con su pareja como «no está mal pegarse una trotadita antes de la maratón» o «No está mal conocer la mercancía antes de comprarla». Estas expresiones indican que los jóvenes prefieren tener relaciones prematrimoniales para probar si con su pareja tienen «afinidad sexual», pero no deja de ser una mentira más que los presiona a exponerse al peligro, y en otros casos no es más que una trampa de los hombres hacia las mujeres para presionarlas. Así que cuidado niñas, que los lobos están más cerca de lo que imaginan.

Dios creó la afinidad sexual y no tiene que ser comprobada por nadie. Quien quiere comprobarla por su cuenta entonces no le cree a Dios, ya que en su sabiduría él hizo dos cuerpos que se acoplan fácilmente en sus formas y que además dotó con hormonas para que fueran usadas para la reproducción y el deleite de la pareja.

Ahora sabemos que el sexo es un conocer día tras día a la pareja y poco a poco se va encontrando la afinidad, por lo tanto es una aventura que hay que recorrer etapa tras etapa, para entonces disfrutarla al máximo. Recordemos el temor y la timidez que teníamos cuando dimos nuestro primer beso, y luego, cada vez besábamos con más seguridad y lo disfrutábamos más.

Lo mismo pasará con el sexo. Al principio sentirás timidez y desconfianza, pero cuando comiences a activar esta área de tu vida en el matrimonio, a medida que pase el tiempo tomarás confianza hasta disfrutar plenamente de lo que Dios también creó. Pues cuando obedecemos sus consejos y mandamientos, Dios se encarga de que nuestro desempeño en la intimidad sea excelente. Confía en Dios, que te dio el sexo y te enseñará a través del instinto a usarlo para bendición.

SEXO LA NOCHE DE BODAS

Como habíamos llegamos vírgenes al matrimonio teníamos muchas expectativas en la noche de bodas. Luego de la ceremonia y la celebración, cuando todos nuestros familiares se fueron de la isla, llegó la noche y ambos estábamos un poco nerviosos con el tema que supuestamente debía seguir dentro del protocolo.

Ese día fue muy pesado, de mucho estrés, pero de victoria total. Los dos nos relajamos y comenzamos a hablar de lo felices que estábamos y también del cansancio que teníamos. Luego de unos besos, nos dormimos juntos por primera vez en la misma cama como esposos, y estábamos felices. No hubo necesidad de tener sexo para saber que nuestro amor estaba consumado. Muchas personas se podrían alarmar porque no tuvimos relaciones sexuales la primera noche de bodas, pero nuestro amor definitivamente no estaba basado en el sexo, por más que ambos nos atraíamos físicamente y nos gustábamos mucho. Ambos sabíamos que si esa noche no nos animábamos a tener sexo simplemente era porque de ahí en adelante tendríamos todo el tiempo de la vida para hacerlo.

La verdad es que el sexo se perfecciona cada día, y cada día se conoce más íntimamente a la pareja. ¡Qué bueno es el sexo! Y, ¡qué bueno es tener sexo únicamente con la persona que Dios te dio! Hoy sabemos que el sexo no es lo más importante de nuestro matrimonio, aunque es importante y es parte del deleite de la pareja.

NO SOY VIRGEN Y NO PUEDO REVERTIR LO IRREVERSIBLE

Estamos totalmente seguros que Dios puede sanar cualquier herida, por más grande que sea. Él puede sanar no solo tus heridas físicas sino también las del alma, las del corazón. Dios siempre nos espera con los brazos abiertos para que recordemos su gran amor. No importa cuán lejos hayas estado de él o cuán bajo hayas caído, si aceptas su perdón y te arrepientes, él recuperará lo que has perdido. Si alguien se llevó tu virginidad y tu inocencia, ahora que conoces el amor de Dios sabes que él puede volver a darte todos estos tesoros, pues él restaura lo que nos han robado. Esta es una nueva virginidad en el corazón, en el alma y en tu pensamiento.

De ahora en adelante lo que debes hacer es cuidar esta nueva oportunidad y valorarla para siempre, hasta que llegue la persona que Dios tiene preparada para compartir contigo en el matrimonio, y de esta forma hacer un pacto de santidad con Dios. No olvides que «el verdadero amor, espera», y hay que pagar el sacrificio de morir a nosotros mismos para vivir agradándolo a él. En 2 Corintios 5:17 dice «Por lo tanto, si alguno está en Cristo, es una nueva creación. ¡Lo viejo ha pasado, ha llegado ya lo nuevo!».

LOS VÍRGENES, ¿UNA ESPECIE EN VÍAS DE EXTINCIÓN?

Si enseñar valores y principios es ser mojigato (que finge y se escandaliza fácilmente), entonces somos unos «orgullosos mojigatos» y nos escandalizamos de las consecuencias y estadísticas que tiene el sexo fuera del matrimonio.

Si dar consejos a la juventud para evitar abortos o muertes por Sida es ser moralista (conducta de las personas con respecto al bien o al mal), pues somos unos «orgullosos moralistas».

Si enseñar la verdad a la juventud es ser un mentiroso, entonces sigan llamando a lo bueno malo y sean culpables de las historias tristes de miles de jóvenes en el mundo por incitarlos al mal, llamándolo bien.

Si ser virgen está pasado de moda y es anticuado (propio de otra época), entonces todo tiempo pasado sí fue mejor.

Si inspirar a otros a través de las enseñanzas de Jesús es ser religioso (fiel y exacto en el cumplimiento del deber), entonces «somos unos religiosos».

Si compartir las buenas noticias a los jóvenes es ser evangélico y aleluya entonces «somos orgullosamente aleluyas».

Nada ni nadie detiene la verdad que hace más de dos mil años llegó a este mundo para iluminarnos con su luz y enseñarnos el camino que nos lleva a la felicidad eterna. No importa lo que otros digan en contra de este mensaje, pues simplemente lo que está por fuera de la verdad de Dios es mentira.

El agua no va a dejar de mojar solo porque algunos crean y digan que el agua no moja. La verdad de Dios siempre prevalecerá o ¿por qué será que cada día somos más los que seguimos a Jesús? ¿Por qué será que cuando científicos predijeron que en el siglo XX se iría acabando poco a poco la espiritualidad, sucedió todo lo contrario, y cada vez son más las personas que se acercan a Dios? Pues simplemente porque los hombres que contradicen a Dios siempre quedarán mal y de ellos solo recordarán lo mentirosos que fueron, si es que alguien se acuerda de ellos, pues no creo. Lastimosamente para estos mentirosos, los vírgenes no son una especie en vías de extinción sino todo lo contrario: Los vírgenes son una especie en vía de ¡**extensión!**

CAPÍTULO 30

DIOS CUMPLE MI SUEÑO DEL MODELAJE
POR VANESSA

Viajé a Colombia creyendo que Dios que nos iba a bendecir muchísimo para podernos casarnos. Hasta ese momento no habíamos podido ahorrar nada porque todo el dinero lo habíamos gastado en cuentas de teléfono con llamadas a larga distancia y en los pasajes para viajar a Colombia. Teníamos que empezar a construir juntos y a calcular la torre para casarnos.

No era fácil, porque Giovanni había tomado la decisión de dejar su carrera como arquitecto por el ministerio musical que Dios le había entregado. Sabíamos que comenzar no era nada fácil, ya que vivir inicialmente de ofrendas cuando *Pescao vivo* comenzaba, no era fácil.

Mi caso era parecido al de Giovanni, ya que me tocaba dejarlo todo en Miami, como a mi papá y mi hermana, pero más exactamente al trabajo que me estaban ofreciendo en Telemundo donde había hecho mi práctica profesional y quedaba una puerta abierta por mi buen desempeño. Pero sin pensarlo dos veces decidí rechazar esa buena oferta e ir tras el amor de mi vida.

Empecé a buscar trabajo en Bogotá para poder casarnos en un año, según nuestros cálculos. Entonces fui a los canales grandes de televisión y en todos querían que entrara nuevamente como practicante, y eso no lo haría nuevamente. Querían pagarme menos de lo que ganaba antes y que trabajara más de 12 horas por día. Entones no acepté ningún trabajo.

Una tarde hablando con Giovanni me dijo: «A ti te gusta el modelaje y acá en Colombia te podría ir bien. Miremos las páginas amarillas y busquemos una buena agencia de modelos». Le dije que ya estaba grande para el modelaje, que acababa de graduarme de la Universidad, y las niñas que empiezan lo hacen a los 13 o 14 años de edad. Igual Giovanni me decía que él veía actitud en mí para el modelaje. Accedí y pensé: «Bueno, sino me aceptan no tengo nada que perder».

Llamamos a cinco agencias, y una de ellas me dio una cita. Fui con unas fotos que tenía, porque a veces en Miami me llamaban para comerciales y desfiles, no iba muy seguido porque estaba estudiando y esa era mi prioridad, pero igual pude hacer comerciales para *MasterCard, Pepsi, Ford*, etc.

El día de la cita llegué a la agencia de modelos, y me recibió la asistente que era creída y un poco mala gente, pero yo muy tranquila llené el formulario, le di mis fotos y ella me dijo que me llamarían en una semana para darme una respuesta.

Realmente no pensé que me fueran a llamar, pero justo cuando salía de la agencia entraba el dueño, me vio, e inmediatamente empezó a hacer mil preguntas como ¿de dónde era?, y si me iba a quedar a vivir en Colombia. Me dijo que estaba muy interesado en que firmara contrato de exclusividad con ellos. Yo muy inocente acepté, y cuando me pasaron ese contrato que tenía como con mil páginas, la verdad no leí nada de lo que había escrito, solo pedí que me pasaran un bolígrafo porque quería poner al final del contrato unas cláusulas adicionales. La gente de la agencia me miraba con preocupación acerca de qué condiciones económicas o de porcentaje agregaría, pues lo normal en el medio es que la agencia tiene el 25% de los trabajos y la modelo el 75%, pero a mí me preocupaba otra cosa... No iba a negociar mis principios. En esos momentos descubrí que tenía que ser clara y poner límites que fueran de acuerdo a mis valores. En este medio, cuando las niñas son pequeñas son muy vulnerables, y hacen lo que sea para figurar o estar al frente de una cámara. Yo ya era una profesional de 21 años, y más que la edad yo sabía quién era en Cristo y tenía muy clara mi identidad en él. Quería ser específica desde el principio con la agencia de modelos, y te voy a decir exactamente lo que Dios me reveló para que escribiera en ese contrato de exclusividad:

- No desnudos ni semidesnudos.

- No transparencias ni ropa interior.

- No campañas relacionadas con alcohol, cigarrillo o condones.

- Nada de aproximaciones con hombres en fotos, comerciales, etc.

Apenas leyeron lo que escribí me dijeron: «Entonces, ¿de qué vas a trabajar? ¡Vas a perder mucha plata!». Yo les dije que podría ser la imagen de un shampoo, lápiz, zapatos, cuaderno, mesa, etc., demostrándoles que podía trabajar con mil cosas y no me importaba perder dinero, porque sabía que Dios me respaldaría y me recompensaría.

Luego de unos minutos se rieron y me dijeron que era la primera modelo que les ponía esa clase de condiciones, que no me preocupara, que las respetarían. A la semana sin nunca haber estado parada en una pasarela profesional estaba desfilando en *Cali Expo Show*, una de las ferias de moda más importantes de Colombia. Participé de catorce desfiles sin haber hecho muchos castings, para ser la primera vez, me había ido súper bien, ya que desfilé también para el diseñador internacional invitado, que son los más exigentes.

Dios me abrió las puertas de un modo impresionante, he desfilado para la mayoría de los diseñadores de Colombia y Latinoamérica. Hay varias campañas de las cuales soy la imagen principal. Hice muchos comerciales, catálogos, *flyers* (folletos), fotos y editoriales en las revistas más importantes y reconocidas del país, en ocasiones con la imagen mía en sus portadas... Pero yo sé que es Dios quien me da una gracia gigante, porque al igual que yo, hay muchas mujeres altas, rubias y delgadas, pero lo que me hace resaltar en medio de tantas niñas bonitas es que tengo a Jesús en mi corazón y la alegría que él me da hermosea el rostro. Todas, absolutamente todas las mujeres somos hermosas para Dios, lo que te hace diferente es el que vive en tu corazón.

Siempre se me acercan niñas cristianas y me dicen: «Yo quiero ser modelo igual que tú, ¡ayúdame!». La mejor manera en que puedo ayudarlas es diciéndoles cómo son las cosas en este medio. La verdad es que no es fácil para las personas que no tienen carácter fuerte y no saben quiénes son en Cristo, porque si por el modelaje la niñas se van a alejar de los caminos de Dios, prefiero que ni se acerquen a ese ambiente. Conozco varios modelos, hombres y mujeres, que dicen ser cristianos y hacen quedar mal a Jesús, porque no son verdaderos embajadores de Cristo y hacen las mismas cosas que los del mundo. No marcan una diferencia, dicen groserías, salen a fiestas y obvio, terminan bebiendo y haciendo cosas de las que después se arrepienten.

Este medio es muy fuerte para un cristiano débil, y la verdad es que si no veo un ministerio fuerte en esa persona, con límites claros, entonces prefiero que ni lo intente... No quiere participar del consejo ni de la responsabilidad de saber que integrarse al medio del modelaje fue una piedra de tropiezo para esa persona.

Pero debes saber que se puede ser modelo y cristiana al mismo tiempo, solo tienes que tener **LÍMITES** en tu vida, y no solo si vas a entrar a este medio, sino a cualquier medio en donde te desarrolles como profesional, ya seas abogado, doctor, panadero, actor, deportista, en la misma universidad, colegio o trabajo. Siempre debes poner LÍMITES para que los demás se den cuenta de que eres diferente.

Dios siempre me ha respaldado muchísimo en mi decisión. Recuerdo que en una ocasión, el *booker* de la agencia me dijo: «Sé que tú no haces nada que tenga que ver con cigarrillos, pero están ofreciendo 25.000 dólares para la campaña y necesitan una

rubia como tú». Nunca antes ellos me habían ofrecido tanto dinero, y el trabajo estaba muy bien pagado, pero yo sin dudarlo le dije que no lo haría aunque me pagaran 100.000 dólares. ¿Y qué pasó después? Me renovaron una campaña con la marca de baterías *Varta* por 3 años más. No me pagaron todo lo que me iban a pagar por la publicidad de los cigarrillos, pero sé que Dios se agrada de mi decisión, y eso es lo que más me importa.

Hay otros factores muy importantes en el modelaje que la gente ignora, y es la baja estima. He visto a muchas de las modelos con las que trabajo que caemos en esto, ya que nos exigen mucha perfección. Por ejemplo, en un *casting* para una campaña donde se presentan 100 modelos, luego de varias preselecciones, solo escogen a una niña, las otras 99 se retiran tristes y con baja estima. Además, el trato en la selección no suele ser el mejor, ya que te paran en una fila como si fueras un producto u objeto, y empiezan a mirarte de arriba abajo. Si no eres fuerte, es fácil sentirte frustrada.

Todo el mundo piensa que las modelos se creen las mujeres más lindas del mundo, pero lo que nadie sabe es que están llenas de complejos, ya que quisiéramos ser perfectas para que nos escojan en todos los trabajos, y no es así. Cada modelo tiene una belleza diferente, y definitivamente siempre le digo a Dios que si esa oportunidad que se presenta es para mí, y es parte de su voluntad, entonces me la de. Si él cree que no me conviene, pues entonces que no me la conceda. Decidí ver todo desde un punto de vista espiritual, pero como muchas solo viven en lo material, este medio les pega muy duro.

Llegué al modelaje por una necesidad laboral, más que por el modelaje en sí. Empecé a darme cuenta cómo modelos que habían empezado conmigo se quedaron en el tiempo, y yo estaba en el nivel de modelos que ya tenían una gran trayectoria... Por eso y por muchas cosas que ocurrieron desde niña, definitivamente creo que Dios todo lo hace perfecto a su tiempo.

Luego me di cuenta que Dios no me puso en este medio solo para trabajar y poderme casar, sino que tenía un gran ministerio con mujeres… Mi trabajo no estaba solo en las pasarelas y estudios fotográficos, sino tras bambalinas junto a otras modelos, mientras nos arreglaban y esperábamos dos, tres horas para que empezara el evento. Dios me usa mucho en *backstage* (detrás de escena). Me ha dado muy buenas amigas y compañeras, y siempre me piden consejos en todas sus decisiones.

Es hermoso saber que Dios te usa como un instrumento para darles ánimo a algunas mujeres que tanto lo necesitan y se puedan acercar a ese refugio seguro.

⊠ CAPÍTULO 31
DIOS RESTAURA EL HOGAR DE MIS PADRES
POR VANESSA

Me emociona mucho poder contarte esta parte de mi vida, porque definitivamente Dios es el Dios de los imposibles. Él cumple sus promesas, no unas, TODAS, y si lo hizo conmigo, podrá hacerlo también contigo.

Como te conté al principio, en mi encuentro con Jesús le pedí muchas cosas, entre esas la restauración del matrimonio de mis papás, pero la verdad es que oraba sin fe porque lo veía imposible, si embargo lo hacía. Por muchos años dejé de orar hasta que mi mamá regresó a los Estados Unidos por segunda vez. Todo el tiempo Dios la tenía acorralada hablándole de restauración de su matrimonio. Ya resignada por la insistencia dijo: «Dios, si tú quieres que yo recupere a mi ex esposo, cambia mis sentimientos hacia él, porque no puedo verlo con otros ojos. Solo te pido que me ayudes a enamorarme nuevamente de él».

Así fue como Dios comenzó a hacer la obra, no solo con mi mamá sino también con mi papá. Por más que nosotras sabíamos que mi papá siempre amó a mi mamá, y siempre la esperó, habían pasado mil cosas, muchas de ellas muy difíciles de sanar entre ellos. Por ejemplo, mi mami tuvo una hijita, que es nuestra hermanita Melissa a quien amamos con todo el corazón. Después de 18 años de separación, Dios tendría que hacer que los dos se aceptaran.

Unos meses antes de mi matrimonio, yo estaba haciendo un devocional dándole gracias a Dios por mi situación sentimental, porque estaba a pocos meses de casarme con mi príncipe azul y porque es hermoso estar enamorado de verdad. Pensé en mis papás y que no era justo que ellos no sintieran lo mismo que yo estaba sintiendo. Durante algún tiempo oré demasiado por su situación sentimental. Le pedía a Dios que le diera a cada uno por separado la persona indicada. La mejor mujer a mi papá y el mejor hombre a mi mamá, porque cada uno tenía el derecho a darse otra oportunidad con el amor.

Una noche antes de viajar a Cartagena para mi boda estábamos en la casa de mi abuela, y mi papá y mi mamá, riéndose y tomados de la mano, nos dicen con una súper sonrisa: «Tenemos una noticia que contarles. ¡Somos novios!». Todos, mi hermana, mi abuelita, Giovanni y yo, nos quedamos boquiabiertos… Sentía que estaba viendo una visión, y mi corazón empezó a latir a mil. Mi hermana y yo nos miramos, no podíamos creer lo que estábamos viendo. Realmente quedamos en shock. Ellos habían estado toda la tarde juntos en un restaurante y nosotras no teníamos ni idea. Lo que habíamos soñado toda la vida se había vuelto realidad, pero se sentía raro por la falta de costumbre. Dios recuperó lo perdido.

Fue hermoso ver todo el escenario de mi matrimonio como ya les conté, y saber que mis papás estaban al lado mío juntos, y amándose. Nunca me imaginé tener esta clase de regalo de parte de Dios, definitivamente fue el mejor regalo de bodas.

Mis papás querían hacer todo en el orden de Dios. Empezaron a tener sanidad interior cada uno por su lado y a experimentar un noviazgo bajo los consejos de Dios. Esto era algo nuevo para ellos, y no era fácil, ya que antes habían sido pareja, pero las ganas de hacer las cosas como Dios quería pudieron más.

Mis papás tuvieron mi misma prueba, un noviazgo de lejos los dos primeros años, mientras la visa de residencia para mi mamá y mi hermanita eran aprobadas, ya que ellas vivían en Colombia y mi papá en los Estados Unidos.

Era increíble ver a mis papás como dos *teenagers* enamorados. Mi papá llamaba a mi mamá todas las noches y conversaban por horas. La visitaba seguido, se daban regalos, se edificaban el uno al otro… lo mejor. Cuando a mi mamá le aprobaron la residencia viajó para estar con mi papá, pero no se casaron inmediatamente, esperaron unos meses mientras hacían los cursos prematrimoniales y experimentaban también un noviazgo cristiano en la misma ciudad. Esa fue la segunda prueba.

Yo sé que no fue nada fácil para ellos, porque la sombra del pasado y los comentarios de ambas familias los perseguían, pero cuando Dios hace algo nuevo, es como si hiciera borrón y cuenta nueva. Él puede transformar los corazones heridos. Solo los que conocen y saben cómo actúa Dios saben lo que él es capaz de hacer: Sanar enfermos, resucitar muertos, abrir el mar, etc. ¿Por qué no restaurar un hogar? Él es el Dios de los imposibles y es capaz de restaurar cualquier área de tu vida. Por más que muchos no creyeron en el cambio y la nueva oportunidad que Dios les estaba dando, ellos siguieron adelante, mirando solo a Jesús y siguiendo su voz.

Llegó el día de la boda, y viajé con Giovanni una semana antes para ayudarlos a arreglar todo. Yo estaba súper contenta porque, ¿qué hijo puede estar y ayudar en la boda de sus padres? No muchos.

Mis papás decidieron hacer la ceremonia en una casita de madera que hay al lado de un lago en la residencia donde hemos vivido en Boca Ratón. Fue súper especial, porque hicimos todo entre nosotros. Yo decoré la casita, le puse las flores, cintas, antorchas y la mesa con todo lo necesario. Muy parecido a la decoración de mi boda.

Mis papás decoraron el salón y quedó hermoso. Además tuve el honor de ayudar a mi mamá con su arreglo personal. La peiné y la maquillé. Estaba súper linda. Ese día sus ojos brillaban como nunca. Se veía el perdón y el amor de Dios sobre ella.

El pastor Esteban Fernández fue quien los casó. La ceremonia fue muy emotiva. Yo no hice más que llorar, principalmente en la parte de los votos, porque Dios estaba cumpliendo su promesa. Mi papá tenía cara de felicidad, estaba como volando en las nubes. Ese día solo se respiraba amor y se veía la mano de Dios. Hubo un momento muy especial y fue cuando mi esposo cantó *Niña de mis ojos*. Mi mamá la había escuchado mil veces, pero ese día desbordó en llanto. Creo que sanó muchas cosas y sentía que Dios se la estaba cantando a ella. Fue una boda de RESTAURACIÓN.

Al otro día ellos se fueron de luna de miel en un crucero a las Bahamas. Ese fue el regalo que le hicimos con mi hermana. Nosotras nos quedaríamos de *babysitters* cuidando a Melissa, nuestra hermanita pequeña. Se los veía tan felices… como niños chiquitos despidiéndose de nosotros para subir al crucero.

Mis padres aprendieron que el amor no es solo un sentimiento que puede fluctuar, según el mundo dice, sino que es una decisión… Es estar frente a Dios diciéndole que uno se compromer a amar al cónyuge con sus cualidades y defectos. Así decide amarlo, y punto. El matrimonio es un símbolo de unión y compromiso, como el que Jesús hizo con su Iglesia.

«Quiero aprovechar este capítulo para honrar a mis padres Hugo Garzón y Gloria Fonnegra, porque por más que vivimos momentos difíciles le creyeron a Dios y decidieron dejarse guiar por el restaurador de vidas y el restaurador de matrimonios: JESÚS.

Mamá, papá, gracias por luchar por su matrimonio y hacernos tan felices a mi hermana y a mí. Los amo con toda mi vida y quiero verlos así de felices por siempre… por que sí se puede… ¡pero con Cristo!».

CAPÍTULO 32
DIOS CUMPLE MI SUEÑO DE LA MÚSICA
POR GIOVANNI

Al mirar a la distancia es increíble ver cómo días después de casarme y llegar de la luna de miel comenzaron automáticamente a llegar nuevas invitaciones para *Pescao vivo*. La banda comenzó a consolidarse, por lo tanto teníamos más trabajo.

Existe un dicho colombiano que dice: «Cada hijo trae un pan debajo del brazo». Este dicho quiere decir que a pesar de que a veces la situación económica de las personas no sea la ideal ni la más sólida, al momento de desear un hijo los padres piensan si económicamente es sostenible o no, pero luego de tenerlo automáticamente la situación mejora.

Este dicho también aplica para los matrimonios y sobre todo para aquellos que confían en Dios. A pesar de que el primer disco en una banda es una siembra larga y el negocio de la música es a largo plazo, luego de la tarea promocional de ese álbum comenzaron a llamarnos para muchos conciertos. Eso significaba que habría trabajo y por lo tanto, ganancias económicas.

Me atrevo a afirmar que si no me hubiera casado, *Pescao vivo* se hubiera estancado, pues el matrimonio es también una prueba de fe y de confianza en Dios principalmente para los hombres que somos cabezas en el hogar y tenemos el deber de proveer para lo que la familia necesita.

Caminar sobre el agua es cosa de locos, y dar pasos de fe cuesta mucho. Les confieso que el respaldo de Dios sobre mi vida y ministerio luego de mi matrimonio me llevó a fortalecer mi fe y mi confianza en él. Dios me demostró que no me iba a desamparar ni a dejar solo con mis responsabilidades.

Ahora, cuando pienso en un hijo y aparecen los fantasmas de la duda por lo económico, recuerdo que él ha sido fiel antes, así que será fiel mañana.

Al principio del matrimonio, Vanessa era más sólida que yo económicamente, aunque tenía un trabajo como modelo y era *freelance*, le iba muy bien en su profesión.

Los primeros meses ella fue la que soportó las cargas económicas más fuertes, pero poco a poco la balanza se fue equilibrando hasta que fui yo quien respondía por todo mientras ella ahorraba para cambiar de carro, el apartamento propio, los viajes, etc.

Le doy gracias a Dios por no hacerme quedar mal con mi esposa, quien siempre creyó en el ministerio que él me regaló y fue una ayuda idónea, no solo en lo espiritual y material, sino también en lo financiero. ¡Qué bueno es tener a Dios de nuestro lado! Pues la carga es más ligera para nosotros cuando permitimos que él lleve en su espalda nuestra vida y necesidades.

Hoy con mi esposa miramos para adelante y tenemos nuevos sueños, nuevas metas. Sabemos que Dios nos va a permitir cumplirlas solo si seguimos cuidando los cimientos de nuestra relación, esos cimientos que levantamos en el noviazgo pero que no debemos olvidar en el matrimonio. Por eso hay que revisarlos de vez en cuando y reforzarlos cuando sea necesario, para que así poco a poco levantemos piso a piso nuestro matrimonio hasta llegar a tener una casa hermosa fundada sobre la roca que es Cristo.

Después de casarme, con la banda comenzamos a producir el segundo álbum. Para esto tuve que componer nuevas canciones, y esta nueva etapa y experiencias en mi vida me llevaron a inspirarme para plasmar unas buenas letras. El proceso duró ocho meses y apenas salió el material al mercado nos llevó a consolidarnos en nuestro país y a mirar nuevos horizontes para conquistar.

Con este álbum logramos llegar a más de diez países como Estados Unidos y Puerto Rico, México, Guatemala, Panamá, Venezuela, Ecuador, Argentina, Paraguay y Uruguay. Hemos visitado estos países con *Pescao vivo* y siempre fui acompañado de mi esposa, no por lujo sino porque claramente Dios nos prometió que nunca más íbamos a estar separados.

Hoy en día sé que Vanessa ha sido la mujer que Dios usó para estabilizar mis sentimientos y para poder concentrarme en llevar el ministerio adelante. Le agradezco a Vanessa por muchas cosas relacionadas directamente con la banda en las que nos ha podido dar una mano cuando la hemos necesitado. Con ella me gané el mejor premio del mundo.

Durante la preproducción del nuevo disco tuve la oportunidad de componerle otra canción a Vanessa. En el primero compuse *Niña de mis ojos*, y en el segundo compuse *Essa*, sí con doble «s», porque se la escribí a Van-Essa, mi esposa.

No podía dejar de hacerlo, pues gracias a este tipo de canciones es que en los conciertos hemos podido enseñarle a la juventud cómo manejar sabiamente sus sentimientos. Así fue como compuse *Essa*, una canción romántica y de esposos, que desde el principio ha sido muy bien aceptada por los matrimonios.

CANCIÓN: ESSA

LETRA Y MÚSICA: GIOVANNI OLAYA

*ESA EN MI CUENTO ES LA PRINCESA, EN LAS NOCHES OSCURAS MI
ESTRELLA
NO PUEDO DEJARLA.
ESA DE LAS FLORES LA MÁS BELLA, SU CARIÑO SOL DE PRIMAVERA
SOLO PUEDA AMARLA.*

CORO
*ESA QUE CUANDO ES DE NOCHE ME CONSIENTE LA CABEZA.
ESA QUE CUANDO AMANECE SE JUNTA Y ME BESA. //
ESA DE DIOS BENDITA PROMESA SI NO ESTÁ ME DUELE LA CABEZA
DE TANTO PENSARLA.
ESA SE LLEVÓ AMARGAS TRISTEZAS, DULCE ME DEJA LA BOCA SECA
DE TANTO BESARLA.*

CORO
*ESA QUE CUANDO ES DE NOCHE ME CONSIENTE LA CABEZA.
ESA QUE CUANDO AMANECE SE JUNTA Y ME BESA. //
BÉSAME TODA LA NOCHE, DÉJAME LA BOCA SECA
BÉSAME CUANDO AMANECE MI HERMOSA PRINCESA.*

ESA... ESA... ESA... ESA...ESA... VANESSA

Estar con Vanessa ha sido un sueño, y tener a *Pescao vivo* ha significado complementar ese sueño que vivo junto a ella. En muchas ocasiones, además de invitar a *Pescao vivo* en diferentes congresos, seminarios o convenciones, me invitan a dar charlas a los jóvenes asistentes, y he podido dar algunas de ellas con Vanessa. Es increíble ver como cuando uno dispone el corazón para que Dios lo use, él simplemente lo hace. El ver cómo los jóvenes salían edificados con nuestro testimonio fue una de las razones que nos motivó a escribir este libro y recopilar esos consejos basados en nuestras experiencias y en nuestra relación con Dios. Esperamos que todo esto sea de bendición para tu vida y la de miles y millones.

Dios y sus bendiciones me inspiran. Su fidelidad es la que me enamora de su Reino, y la necesidad de ver que la gente sea bendecida como yo lo he sido es lo que me lleva a transmitirles el amor de Dios. Ayudar al prójimo es lo mínimo que puedo hacer después de ver cómo Dios me ha ayudado en todo, y mi deber es compartir esto para que otros sean tan felices como yo.

Ahora, mientras escribimos con mi esposa este libro, paralelamente realizamos la tercera producción de *Pescao vivo* que se llama *SALVAVIDAS,* con la cual pretendemos sensibilizar a la iglesia cristiana a tener misericordia por el que aún no tiene a Jesús en su corazón.

Hay gente que protege muchas cosas con empresas aseguradoras, otras personas guardan sus riquezas y tesoros más preciados en bóvedas muy bien custodiadas, pero, ¿cómo aseguras tu corazón? Por sobre todas las cosas, tu corazón debe ser lo que más cuides. No existe empresa aseguradora o bóveda más segura que la sabiduría que Dios te da a través de su Palabra.

CONCLUSIÓN
EL ROCKERO Y LA MODELO... FIELES HASTA LA MUERTE

Nunca imaginamos que llegar vírgenes al matrimonio fuera una noticia en las revistas de farándula de nuestro país. Cuando nos casamos, la revista de entretenimiento y farándula de mayor circulación del país reseñó la nota de nuestro matrimonio porque Vanessa era reconocida en el medio del modelaje y Giovanni en el de la música. Pero la nota tenía el plus de contarle a la gente que ambos habíamos llegado vírgenes al matrimonio, porque de adolescentes habíamos hecho un pacto con Dios en nuestra iglesia.

Esta nota la vio todo el mundo cristiano y no cristiano. Muchos la aplaudían mientras otros la miraban como algo anticuado. Nosotros estábamos felices de poder decirle a la juventud que se puede ser diferente e ir contra la corriente. Que se puede vivir con Dios de una manera sana pero juvenil, sin sacrificar sueños o talentos, con libertad pero con santidad.

Nuestros pastores le informaron a toda la comunidad de esta nota en la revista *TV y novelas,* y eso nos honró mucho. Luego a los tres años volvieron a retomar la noticia, solo que en una revista llamada *Elenco,* de circulación gratuita junto con el periódico de más circulación del país, *El tiempo.*

La nota presentaba la noticia de que ya llevábamos más de dos años juntos y éramos una pareja del medio que se mantenía unida, pero recordaron que llegamos vírgenes al matrimonio y decidieron llamar la nota así.

Finalmente algunas personas nos animaron a embarcarnos en esta bella aventura de escribir nuestro testimonio con el fin de animar a los jóvenes a esperar en el área de los sentimientos y la sexualidad, y entender que la mejor decisión es obedecer a Dios para vivir una vida de bendición.

Vale la pena ser diferente. No te conformes a lo que te dicta el común de esta sociedad. Ve contra el viento y contra la marea para demostrar la verdad del Dios que predicas. El buen fruto de nuestro testimonio habla más claro y mucho mejor que nuestras palabras, así que a vivir lo que crees.

El matrimonio ha sido para nosotros completamente un paseo. Seguimos siendo novios, solo que con la bendición de Dios. Somos esposos, pero sin olvidar el romanticismo. Los animamos a vivir bajo la bendición de Dios en el matrimonio. Dios nos hizo diferentes para ser uno solo, la mujer y el hombre no son competencia sino complemento. En el matrimonio no debemos conjugar el YO y el TÚ, sino al NOSOTROS con el verbo JESÚS.

Continuaremos nuestra vida y matrimonio bajo la dirección de Dios. Tenemos todo por vivir. Vendrán los hijos y los nietos, y los disfrutaremos paso a paso, agradeciendo a Dios por lo que nos permite vivir.

Aunque la historia no acaba aquí, el reto más grande que tenemos es llevar adelante este matrimonio hasta que la muerte nos separe, o tal vez nos una más en la eternidad. El desafío es disfrutar cada día este hermoso cuento de hadas que hemos decidido vivir en Dios. Él es el quien gobierna la relación y no nuestros sentimientos.

Quizás… dentro de muchos años alguien pueda tomar nuestra historia y escribir un nuevo libro que se llame: EL ROCKERO Y LA MODELO QUE LLEGARON FIELES HASTA MUERTE.

CÓMO ENCONTRAR
EL AMOR DE TU VIDA

Los secretos de un noviazgo exitoso

SOLO PARA ELLAS

Sólo para ellas: Cuán lejos es demasiado lejos y otros de "esos" temas

101 PREGUNTAS DIFÍCILES y 101 RESPUESTAS DIRECTAS

Lo que (casi) nadie te dirá acerca del sexo

La perspectiva de Dios para tu sexualidad

Lo que (casi) nadie te dirá acerca del SEXO

Jim Hancock y
Kara Eckmann Powell

Editorial Vida

AMIGOS
Supervivencia para Adolescentes

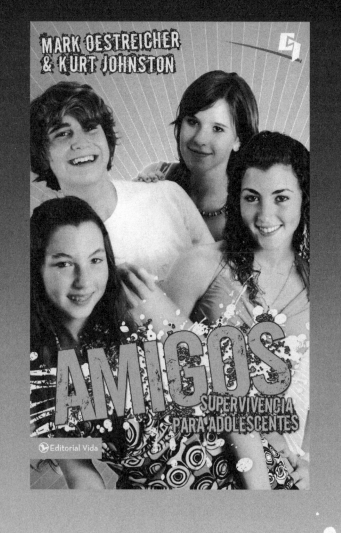

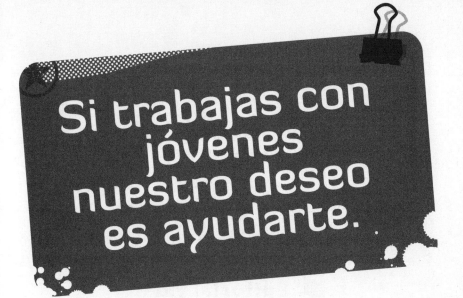

Si trabajas con jóvenes nuestro deseo es ayudarte.

Visítanos en:
www.especialidadesjuveniles.com

Especialidades Juveniles
especialidadesjuveniles.com

Un montón de recursos para tu ministerio juvenil
info@especialidadesjuveniles.com

Nos agradaría recibir noticias suyas.
Por favor, envíe sus comentarios sobre este libro a
la dirección que aparece a continuación.
Muchas gracias.

vida@zondervan.com
www.editorialvida.com